PHP und MySQL für Einsteiger

Michael Bonacina

2. Auflage: März 2019

© dieser Ausgabe 2019 by BMU Media GmbH

ISBN: 978-3-96645-009-6

Herausgegeben durch:
BMU Media GmbH
Hornissenweg 4
84034 Landshut

PHP und MySQL für Einsteiger

Inhaltsverzeichnis

6.   Entscheidungen durch if-Abfragen   60

7.   Die Funktionalität eines Programms durch Schleifen erweitern   72

8.   Funktionen in PHP   89

9.   Objektorientierte Programmierung: Klassen, Objekte und Methoden   105

10.   Dateien für die Speicherung von Daten   117

15. Anwendungsbeispiel: Kundendaten über das Internet erfassen 177

16. PHP und Cookies: Besucher wiedererkennen und Informationen speichern 201

17. Fortgeschrittene PHP-Funktionen: E-Mails automatisch versenden und PDFs erzeugen 231

18. Für mehr Sicherheit: SQL-Injection vermeiden 256

Alle Programmcodes aus diesem Buch sind als PDF zum
Download verfügbar. Dadurch müssen Sie sie nicht abtippen:
https://bmu-verlag.de/books/php-mysql/

Außerdem erhalten Sie die eBook Ausgabe zum Buch im
PDF Format kostenlos auf unserer Website:

https://bmu-verlag.de/books/php-mysql/
Downloadcode: siehe Kapitel 18

Kapitel 1
Einleitung

PHP und SQL sind zwei wichtige Elemente vieler Internet-Anwendungen. PHP zählt zu den am häufigsten für die Erstellung von Webseiten genutzten Programmiersprachen. Sie bietet sich hervorragend für die Erstellung dynamischer Inhalte an. Diese lassen es zu, die Seiten individuell an den Nutzer oder an den Kontext anzupassen.

Die Daten, die für die Erstellung der Inhalte zum Einsatz kommen, werden dabei in der Regel in einer Datenbank gespeichert. Diese bietet ein sehr effizientes und gut strukturiertes System für die Datenspeicherung. Um eine Datenbank einzurichten, einzelne Daten darin zu speichern oder um sie abzurufen, kommt eine Datenbanksprache zum Einsatz. Für Webanwendungen ist dabei die Sprache SQL besonders beliebt. Die Inhalte unzähliger Webanwendungen sind in SQL-Datenbanken abgespeichert.

PHP zeichnet sich unter anderem durch eine breite Datenbankunterstützung aus. Insbesondere für SQL-Datenbanken stehen unzählige Funktionen zur Verfügung. Gerade dieses gute Zusammenspiel zwischen Programmiersprache und Datenbankanbindung macht PHP zu einem sehr mächtigen Werkzeug für viele Webanwendungen. Das führte dazu, dass PHP und SQL im Bereich der Gestaltung von Internetseiten eine herausragende Rolle spielen.

Dieses Buch gibt eine Einführung in die Nutzung von PHP und SQL. Die Leser lernen dabei zunächst, einfache Programme in PHP zu schreiben. Diese werden Stück für Stück um wichtige Funktionen erweitert. Später wird die Funktionsweise von SQL-Datenbanken erläutert und die Leser erfahren, auf welche Weise sich diese in ein PHP-Programm einbinden lassen. Am Schluss steht ein Anwendungsbeispiel, das das Zusammenspiel von PHP und SQL deutlich macht.

1.1 PHP – was ist das überhaupt?

Die erste Version von PHP wurde 1995 vorgestellt. Der dänische Programmierer Rasmus Lerdorf hatte hierfür einige Scripte in der Programmiersprache Perl erstellt. Der Ausgangspunkt für diese Arbeit bestand darin, dass er die Zugriffe auf seinen Online-Lebenslauf protokollieren wollte. Daraus entstand schließlich eine umfangreiche Scriptsammlung, die Lerdorf für die Gestaltung seiner persönlichen Homepage nutzte. Daher gab er ihr den Namen Personal Home Page Tools – PHP.

Von diesen Ursprüngen ist außer dem Namen jedoch nicht mehr viel übrig geblieben. Bereits für die zweite Version, die nur kurze Zeit später erschien, überarbeitete Lerdorf das Konzept stark. Anstatt in Perl programmierte er diese Version nun in C. Bis heute wurden alle weiteren Versionen ebenfalls in C entwickelt.

1997 änderte sich das Entwicklerteam. Lerdorf wirkte zwar nach wie vor an diesem Projekt mit, die Hauptverantwortung übernahmen nun jedoch die beiden israelischen Programmierer Andi Gutmans und Zeev Suraski. Das neue Entwicklerteam wies auch der Abkürzung PHP eine neue Bedeutung zu. Diese steht seitdem für PHP: Hypertext Preprocessor. Damit wollten die Programmierer verhindern, dass der Eindruck entsteht, dass sich die Programmiersprache nur für persönliche Projekte eignet.

Der große Durchbruch gelang der Version PHP 4. Zu dieser Zeit wuchs das World Wide Web in einem beachtlichen Tempo und für die Gestaltung dynamischer Inhalte war eine geeignete Programmiersprache erforderlich. Da PHP genau auf diese Aufgabe spezialisiert ist, setzte es sich in diesem Bereich als Standard durch und ist seitdem die Grundlage unzähliger Internetauftritte.

Mit der darauffolgenden Version machten die Entwickler PHP zu einer objektorientierten Programmiersprache. Was das genau bedeutet, wird später im Buch noch ausführlicher erläutert. An dieser Stelle sei nur erwähnt, dass es sich hierbei um eine der Grundlagen moderner Programmiertechniken handelt. Auch diese Neuerung trug dazu bei, dass PHP seine Vormachtstellung im Bereich der Programmierung von Web-Anwendungen ausbauen konnte.

Nachdem die Entwicklung der Version 6 eingestellt wurde, erschien im Dezember 2016 PHP 7. Diese Version brachte zahlreiche technische Optimierungen mit sich, sodass sie deutlich schneller arbeitet und außerdem weniger Speicherplatz benötigt.

PHP ist auf fast allen Webservern vorinstalliert. Daher eignet sich diese Sprache hervorragend für serverseitig programmierte dynamische Webseiten. Eine Studie kam zu dem Ergebnis, dass im Jahre 2017 rund 83 Prozent aller Internetauftritte diese Technik verwendeten (W3Techs: abgerufen unter https://w3techs.com/technologies/overview/programming_language/all am 14.03.2018). Dieser Wert zeigt deutlich, welche Bedeutung PHP für die Entwicklung des Internets hat.

1.2 Statische und dynamische Webseiten

In den vorherigen Abschnitten wurde bereits erwähnt, dass PHP zur Erstellung dynamischer Webseiten dient. Um eine genauere Vorstellung davon zu bekommen, was mit PHP alles möglich ist, soll nun erklärt werden, was es damit auf sich hat.

Als das World Wide Web 1989 entstand, kamen hierfür einfache HTML-Seiten zum Einsatz. Dabei handelt es sich um eine recht einfache Auszeichnungssprache, die den Inhalten einer Internetseite eine Struktur verleiht. Diese Inhalte bleiben jedoch – solange keine manuelle Anpassung vorgenommen wird – stets gleich. Aus diesem Grund werden reine HTML-Seiten als statisch bezeichnet.

Als sich das Internet jedoch weiterentwickelte, reichten diese statischen Seiten nicht mehr aus. Bei vielen Anwendungen war es notwendig, den Inhalt, der dabei ausgegeben wird, immer wieder an den Nutzer oder an die aktuellen Bedingungen anzupassen. Ein einfaches Beispiel hierfür ist die Wiedergabe von E-Mails in einem Webbrowser. Wenn hier immer nur die gleichen Seiten angezeigt werden, ist keine sinnvolle Kommunikation möglich. Bei einem Online-Shop ist es ebenfalls erforderlich, die Darstellung an die vom Kunden ausgewählten Artikel anzupassen. Auch für Nachrichtenportale, die ihre Meldungen im Abstand von wenigen Minuten erneuern, wäre es sehr aufwendig, dafür jedes Mal eine neue HTML-Seite zu erstellen. Daher kommen hierbei Programme zum Einsatz, mit denen die Administratoren die Inhalte schnell und einfach ändern können. Mit PHP ist es möglich, all diese Funktionen zu programmieren.

Bei der Gestaltung dynamischer Webseiten ist es möglich, diese clientseitig oder serverseitig zu programmieren. Bei clientseitigen Anwendungen liefert der Server den kompletten Programmcode aus. Anschließend führt der Browser diesen aus. Damit ist es beispielsweise möglich, die aktuelle Uhrzeit in die Seite einzufügen, dem Anwender einen Rechner für eine spezifische Aufgabe bereitzustellen oder die Eingaben in ein Formular auf ihre Richtigkeit zu überprüfen. Für diese Aufgaben eignet sich beispielsweise Javascript. PHP ist jedoch eine serverseitige Sprache. Dabei führt der Server bereits das Programm aus. Das fertige Ergebnis liefert er dann dem Anwender aus. Dieses ist anschließend nicht mehr veränderbar. Diese Methode ist insbesondere dann sinnvoll, wenn für die Inhalte die Informationen aus einer Datenbank notwendig sind. Da diese in der Regel ebenfalls auf dem Server gespeichert ist, bietet sich in diesen Fällen eine serverseitige Umsetzung an.

1.3 Anwendungsmöglichkeiten für PHP

Da es sich bei PHP um die Programmiersprache handelt, die am häufigsten für die serverseitige Programmierung von Internetanwendungen zum Einsatz kommt, gibt es unzählige Programme, die diese nutzen. Dabei handelt es sich nicht nur um individuelle Software, die für eine ganz spezielle Web-Anwendung programmiert wurde und nur für diese zum Einsatz kommt. Darüber hinaus gibt es unzählige weitere Programme, die Funktionen bereitstellen, die für viele Websites sinnvoll sind. Die Nutzer können diese herunterladen und auf ihrem

Webserver installieren und ausführen. Viele davon sind unentgeltlich erhältlich, da es sich dabei um freie Software handelt. Bei anderen Produkten ist es hingegen erforderlich, eine Gebühr zu entrichten.

Sehr häufig kommt PHP beispielsweise für Blog-Software zum Einsatz. Beliebte Blog-Systeme wie Wordpress und Serendipity sind in dieser Sprache programmiert. Auch im Bereich der Content Management Systeme (CMS) ist PHP führend. Beispiele hierfür sind Joomla, TYPO3 und Drupal. Hinzu kommen Shopsysteme wie Magento, Foren-Software wie phpBB, Customer Relationship Management Systeme wie SugarCRM und viele weitere Programme.

Diese kleine Auflistung verdeutlicht nicht nur, wie viele Anwendungen in PHP geschrieben wurden. Darüber hinaus zeigen sie ein wichtiges Betätigungsfeld für PHP-Programmierer auf. In den meisten Fällen ist es erlaubt, den Quellencode an die eigenen Bedürfnisse anzupassen. Eine häufige Aufgabe besteht daher darin, kleine Details dieser Programme abzuändern, damit sie genau den Wünschen des Auftraggebers entsprechen. Außerdem ist es normalerweise möglich, den Funktionsumfang der Software durch kleine Zusatzprogramme – sogenannte Plug-ins – zu erweitern. Auch das stellt eine wichtige Aufgabe für PHP-Programmierer dar.

1.4 SQL-Datenbanken für Internetanwendungen

Dieses Buch behandelt neben der Programmiersprache PHP auch SQL-Datenbanken. Diese spielen eine sehr wichtige Rolle, um Daten für Internetanwendungen zu speichern. Aus diesem Grund ist es sinnvoll, kurz darauf einzugehen, was eine Datenbank ist, welche Anwendungsmöglichkeiten sie bietet und welche Rolle die Datenbanksprache SQL dabei spielt.

Eine Datenbank besteht immer aus zwei verschiedenen Teilen. Zum einen gibt es die eigentlichen Daten. Diese liegen auf einem entsprechenden Speicher und die Anwender können diese abrufen, verändern oder löschen. An dieser Stelle kommt das Datenbankmanagementsystem (DBMS) ins Spiel. Hierbei handelt es sich um eine Software, die alle Aufgaben rund um die Verwaltung der entsprechenden Daten übernimmt.

Das DBMS muss die Daten strukturieren. Dafür gibt es unterschiedliche Modelle. Bei SQL-Datenbanken handelt es sich stets um relationale Datenbanken. Diese sind – vereinfacht gesagt – in Tabellen dargestellt. Wenn beispielsweise ein Online-Shop Produktdaten in einer Datenbank ablegt, dann sind für jeden einzelnen Artikel mehrere Einträge notwendig – die Artikelnummer, der Preis, eine Beschreibung, die Anzahl der vorrätigen Einheiten und einige weitere Informationen. Da sich all diese Daten auf das gleiche Produkt beziehen, besteht eine Verbindung zwischen ihnen. In der Tabelle wird das daran deutlich, dass sie in der gleichen Zeile stehen. Das relationale Datenbankmodell ist nicht die einzige Möglichkeit, um die Einträge zu strukturieren. In der Praxis kommt es jedoch bei fast allen Anwendungen zum Einsatz.

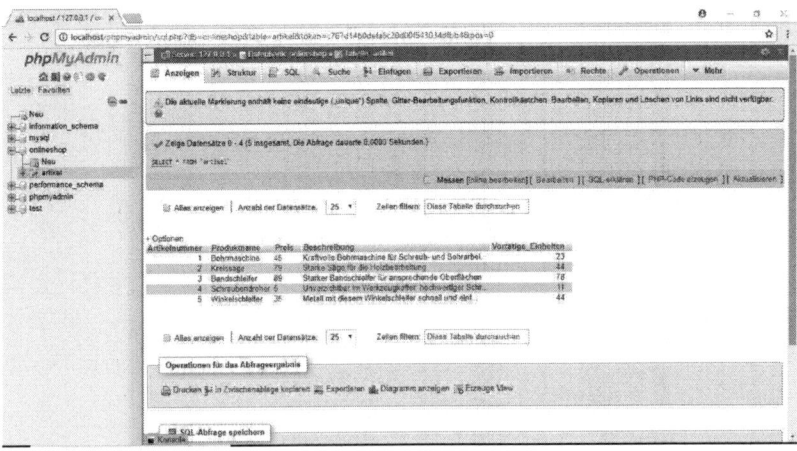

Screenshot 1 Beispiel für die tabellarische Gestaltung einer Datenbank

Das DBMS regelt außerdem den Zugriff auf die Daten. Es muss neue Tabellen erstellen, Einträge hinzufügen, löschen oder ändern. Auch bearbeitet es Abfragen, um den Nutzer über die Inhalte der einzelnen Felder zu informieren. Darüber hinaus muss es die Berechtigungen kontrollieren. Bei jeder Anfrage ist es notwendig, zu überprüfen, ob der Anwender die entsprechende Aktion durchführen darf.

Um mit dem DBMS zu kommunizieren, kommt die Datenbanksprache SQL zum Einsatz. Offiziell handelt es sich hierbei um einen Eigennamen ohne weitere Bedeutung. Dennoch ist die Abkürzung auf den Begriff Structured Query Language – auf Deutsch strukturierte Abfragesprache –zurückzuführen. Daraus geht hervor, was die Hauptaufgabe von SQL ist: Daten aus der Datenbank abzufragen. Diese Sprache enthält alle notwendigen Befehle, um Daten anzufordern, einzufügen, zu löschen oder zu ändern. Es ist möglich, die SQL-Befehle direkt über die Benutzeroberfläche des DBMS einzugeben. In den meisten Fällen sind sie jedoch in ein PHP-Programm integriert, um auf diese Weise eine automatische Abfrage zu ermöglichen.

Kapitel 2

Vorbereitungsmaßnahmen für das Programmieren mit PHP

Das vorherige Kapitel hat die wichtigsten Themenbereiche aufgezeigt, mit denen sich dieses Buch beschäftigen wird. Nun ist es an der Zeit, mit der praktischen Arbeit zu beginnen und die ersten Programme in PHP zu schreiben. Allerdings sind hierfür zunächst einige Vorbereitungsmaßnahmen notwendig. Ohne diese ist es nicht möglich, mit dem Programmieren zu beginnen.

2.1 HTML: eine wichtige Grundlage für Programme in PHP

In der Einleitung wurde dargestellt, dass PHP für die Erstellung dynamischer Internetseiten zum Einsatz kommt. Statische Seiten verwenden hingegen HTML. Der folgende Abschnitt befasst sich nun mit genau dieser Auszeichnungssprache. Das stellt jedoch nur auf den ersten Blick einen Widerspruch dar. Denn fast jede Internetseite, die mit PHP erstellt wird, verwendet auch HTML-Code.

Der Zusammenhang besteht darin, dass die Ausgabe eines PHP-Programms normalerweise in HTML erfolgt. Wenn der Server das entsprechende Programm ausführt, erzeugt er eine gewöhnliche HTML-Seite. Diese gibt er daraufhin an den Browser des Nutzers weiter, der sie dann wie eine statische Seite anzeigt. Das dynamische Element liegt hierbei in der Ausführung auf dem Server, bei der individuell angepasste Seiten entstehen. Alle nachfolgenden Schritte sind genau gleich wie bei der Anzeige herkömmlicher Internetseiten.

Daraus geht hervor, dass jeder PHP-Programmierer über sehr gute HTML-Kenntnisse verfügen muss. Um ein Programm zu schreiben, dessen Ausgabe in HTML erfolgen soll, ist es selbstverständlich notwendig, die Strukturen und die Funktionen dieser Auszeichnungssprache genau zu kennen. Darüber hinaus ist es üblich, nur einzelne Elemente einer Internetseite in PHP zu programmieren. Das bedeutet, dass zunächst eine gewöhnliche HTML-Seite entsteht. Lediglich an den Stellen, an denen dynamische Inhalte erforderlich sind, werden PHP-Scripte eingefügt, um die entsprechenden Informationen einzufügen.

Leser, die bislang über keine HTML-Kenntnisse verfügen, sollten sich diese daher vor der weiteren Lektüre unbedingt aneignen. In dieser Reihe ist auch zu diesem Thema ein Buch erschienen, das sich zu diesem Zweck hervorragend eignet. Dieses erklärt die Gestaltung von Internetseiten mit HTML von Grund auf. An dieser Stelle ist keine ausführliche Erklärung zu diesem Thema möglich. Dennoch sollen zur Wiederholung die wichtigsten Grundlagen kurz dargestellt werden.

Eine Internetseite besteht eigentlich aus gewöhnlichen Textbausteinen. Mithilfe von Tags werden diesen jedoch verschiedene Funktionen zugewiesen. Damit ist es beispielsweise möglich, Überschriften oder Absätze zu kennzeichnen oder bestimmte Textbereiche fett oder kursiv zu gestalten. Darüber hinaus eignen sich diese Tags für Listen und Tabellen.

Tags stehen immer in spitzen Klammern: <>. Darin befindet sich eine Buchstabenkombination, die die Funktion deutlich macht – beispielsweise h1 für die Hauptüberschrift, p für einen Absatz oder i für Kursivschrift. Ein Beispiel für ein HTML-Tag wäre <h1>. Die meisten HTML-Tags müssen geöffnet und geschlossen werden. Für das Schlusstag kommt der Schrägstrich zum Einsatz. Um das oben genannte Beispiel zu schließen, wäre es demnach notwendig das Tag </h1> einzufügen. Das folgende Beispiel verdeutlicht den Einsatz der HTML-Tags:

```
<h1>Das ist die Überschrift</h1>
<p>Nun folgt ein kleiner Absatz. Dieser verwendet auch
<i>Kursivschrift</i>. Am Schluss ist es notwendig, den Absatz durch
ein entsprechendes Tag zu schließen.</p>
```

Die eigentlichen Seiteninhalte stehen im Body-Tag (<body>). Davor kommt in der Regel ein Head-Tag (<head>) zum Einsatz. Dieser enthält weiterführende Informationen zur verwendeten HTML-Version, den Seitentitel, eine Kurzbeschreibung und weitere wichtige Informationen. Das gesamte Dokument steht in HTML-Tags (<html>). Die Struktur des HTML-Dokuments sieht demnach folgendermaßen aus:

```
<html>
<head>
Hier stehen weiterführende Informationen zum Dokument.
</head>
<body>
An dieser Stelle stehen die eigentlichen Seiteninhalte.
</body>
</html>
```

2.2 Webserver-Software für die Ausführung eines PHP-Programms

Bei PHP-Programmen handelt es sich um Scripte. Das bedeutet, dass der Code nicht kompiliert wird und daher nicht als ausführbare Datei vorliegt. Anstatt dessen ist ein Interpreter notwendig. Dieser liest das Programm, das als reiner Text vorliegt, ein und setzt die Funktionen um. Wie in den vorherigen Abschnitten bereits mehrfach erwähnt, werden PHP-Programme auf einem Webserver ausgeführt. Gängige Server-Software verfügt standardmäßig über einen PHP-Interpreter, sodass der Umgang mit diesen Programmen keinerlei Problem darstellt.

Viele Menschen, die gerade die ersten Schritte mit PHP unternehmen, haben jedoch keinen Zugriff auf einen Webserver. Aus diesem Grund ist hierfür eine andere Lösung notwendig. Es gibt frei verfügbare Programme, die einen Webserver auf dem heimischen PC installieren. Diese enthalten nicht nur einen Interpreter für PHP. Es ist damit auch möglich, Perl auszuführen. Darüber hinaus ist MySQL – eines der am häufigsten verwendeten Datenbankmanagementsysteme für Internetanwendungen – enthalten. Wenn später Datenbankanwendungen in die Programme eingefügt werden, ist die Ausführung daher ebenfalls problemlos möglich.

Die bekannteste Software in diesem Bereich trägt den Namen XAMPP. Dabei handelt es sich um freie Software, sodass für die Nutzung keinerlei Lizenzgebühren anfallen. Es gibt Versionen für Windows, Linux,

MacOS und einige weitere Betriebssysteme. Daher sollte es kein Problem darstellen, eine passende Version zu finden und diese zu installieren. Aktuelle Versionen für verschiedene Betriebssysteme stehen auf der offiziellen Website unter der Adresse https://www.apachefriends.org/de/index.html zum Download bereit.

2

Die Installation der Software ist ganz einfach. Der Installations-Assistent führt den Nutzer automatisch durch das Set-up. In einem der Installationsschritte fragt der Assistent den Nutzer, welche Funktionen installiert werden sollen.

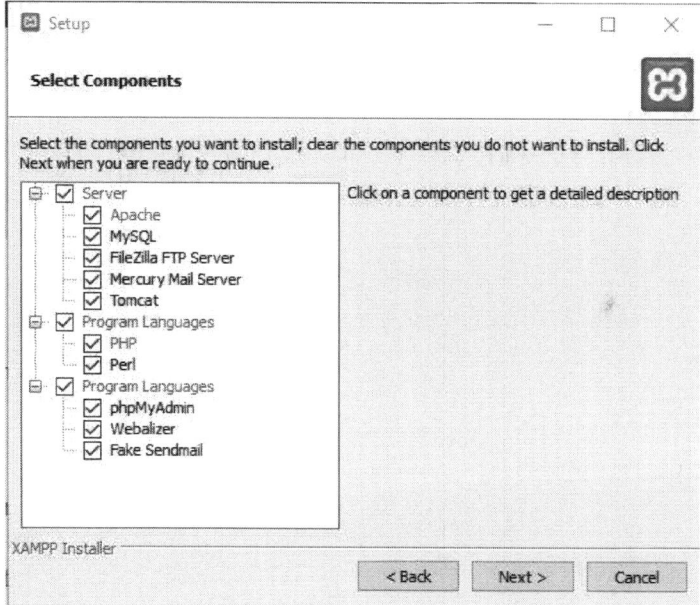

Screenshot 2 Auswahlmöglichkeiten bei der Installation von XAMPP

Im Prinzip ist es möglich, die Standardeinstellungen zu übernehmen. Für dieses Buch werden jedoch lediglich die Funktionen Apache Webserver, PHP, MySQL und phpMyAdmin benötigt. Daher ist es auch möglich, auf die Installation der übrigen Funktionen zu verzichten, damit das Programm weniger Speicherplatz in Anspruch nimmt. Sobald XAMPP auf dem Rechner installiert ist, steht die notwendige Software zur Verfügung, um die PHP-Programme, die im Laufe dieser Anleitung erstellt werden, auszuführen.

2.3 Einen passenden Texteditor installieren

Ein PHP-Programm besteht aus reinem Text. Um diesen zu schreiben und abzuspeichern, ist ein passendes Programm notwendig. Dabei ist es wichtig, zu beachten, dass die gängigen Textverarbeitungsprogramme wie Word oder LibreOffice Writer hierfür nicht geeignet sind. Diese speichern neben dem eigentlichen Text noch viele weitere Informationen zum Layout und zur Formatierung des Texts. Diese zusätzlichen Komponenten führen dazu, dass sich hiermit keine PHP-Programme erstellen lassen. Für diese Aufgabe ist ein Texteditor notwendig. Dieser speichert die Zeichen als reinen ASCII-Code ab. Auf diese Weise sind keine Zusatzinformationen enthalten, die die Ausführung des Programms stören.

Windows ist bereits mit einem Texteditor ausgestattet. Der Microsoft Editor – auch bekannt unter der Bezeichnung Notepad – bietet die notwendigen Funktionen. Allerdings handelt es sich hierbei um eine ausgesprochen einfache Ausführung, die sich nur für die ersten Programme eignet. Es gibt darüber hinaus viele weitere Editoren, die die Anwender beim Programmieren durch zahlreiche Zusatzfunktionen unterstützen. Diese kennzeichnen beispielsweise bestimmte funktionale Elemente des Programms durch unterschiedliche Farben oder sorgen für eine automatische Einrückung beim Erstellen von Funktionen. Das macht den Code deutlich übersichtlicher und erleichtert dadurch das Programmieren – insbesondere bei sehr komplexen Programmen. Manche Editoren machen außerdem auf Syntaxfehler aufmerksam. Dadurch verhindern sie Fehler bereits in der Entstehung.

Daher ist es empfehlenswert, einen Texteditor mit etwas höherem Funktionsumfang zu verwenden. Linux-Nutzer müssen sich darum in der Regel nicht weiter kümmern. Die meisten Linux-Distributionen sind bereits mit einer geeigneten Software ausgestattet. Ubuntu verwendet beispielsweise gedit und KDE den Texteditor Kate. Sollte bislang kein passendes Programm installiert sein, steht eine große Auswahl an kostenfreier Software zur Auswahl. Die Seite https://de.wikipedia.org/ wiki/Liste_von_Texteditoren gibt einen Überblick über die verschiedenen Möglichkeiten.

Im Prinzip ist es möglich, jeden der aufgeführten Texteditoren zu verwenden – unter der Voraussetzung, dass er für das verwendete Betriebssystem verfügbar ist und dass er die Programmierung in PHP unterstützt. An dieser Stelle soll exemplarisch das Programm Geany vorgestellt werden. Dieser Editor eignet sich hervorragend für PHP und außerdem sind Versionen für alle gängigen Betriebssysteme verfügbar.

Dieses Programm steht unter https://www.geany.org/Download/Releases zum Download bereit. Dabei ist es lediglich notwendig, die Version für das verwendete Betriebssystem herunterzuladen und anschließend den Installations-Assistenten auszuführen.

```php
foreach3.php   array.php   array2.php   aufgabe7-2.php
1    <?php
2
3    $sortiment = array();
4
5    $produkt[0]['Produktname'] = "Bohrmaschine";
6    $produkt[0]['Preis'] = 45;
7    $produkt[0]['Anzahl'] = 6;
8
9    $produkt[1]['Produktname'] = "Kreissäge";
10   $produkt[1]['Preis'] = 79;
11   $produkt[1]['Anzahl'] = 0;
12
13   $produkt[2]['Produktname'] = "Bandschleifer";
14   $produkt[2]['Preis'] = 89;
15   $produkt[2]['Anzahl'] = 15;
16
17   foreach ($produkt as $ebene1)
18   {
19       foreach ($ebene1 as $feldname => $ebene2)
20       {
21           print $feldname.": ".$ebene2."<br>\n";
22       }
23       print "<br>";
24   }
25
26   ?>
27
```

Screenshot 3 Farbige Hervorhebungen der Programmelemente im Texteditor Geany

Kapitel 3

Das erste Programm mit PHP gestalten

Nachdem alle Vorbereitungsmaßnahmen abgeschlossen sind, ist es nun an der Zeit, das erste eigene Programm zu schreiben. Bei dieser ersten Anwendung kommen selbstverständlich ganz einfache Strukturen zum Einsatz, um den Einstieg zu erleichtern. Dieses Kapitel dient dazu, die grundsätzliche Gestaltung eines PHP-Programms kennenzulernen und ein Gefühl für die Erstellung zu bekommen. Außerdem lernen die Leser dabei die wesentlichen Bestandteile der Syntax eines PHP-Programms kennen.

3.1 PHP-Scripte im Text kenntlich machen

Wenn ein Anwender mit einem Browser ein PHP-Dokument aufruft, muss der Webserver zunächst das entsprechende PHP-Programm ausführen, um die gewünschte Ausgabe zu erstellen. Dafür ist es jedoch notwendig, dass er den Text als PHP-Programm erkennt. Nur so ist eine sachgemäße Umsetzung möglich. Um dies dem Webserver zu vermitteln, ist zum einen eine passende Dateiendung notwendig. PHP-Programme enden normalerweise auf .php. Darüber hinaus gibt es noch weitere Möglichkeiten – beispielsweise .php3 und .phtml. Zwar unterstützen viele Webserver auch diese Endungen. Da sie nicht mehr gebräuchlich sind, ist es jedoch ratsam, sie nicht mehr zu verwenden.

Im vorherigen Kapitel wurde bereits ausgeführt, dass mit PHP erstellte Webseiten häufig zu großen Teilen aus gewöhnlichem HTML bestehen. Nur in kleinen Bereichen, in denen dynamische Funktionen erforderlich sind, kommen PHP-Scripte zum Einsatz. Diese Mischung führt dazu, dass der Webserver nicht den gesamten Code des Dokuments als PHP-Programm interpretieren muss, sondern nur einzelne Teile davon. Um eine exakte Trennung zwischen den einzelnen Bereichen zu ermöglichen, ist es erforderlich, die PHP-Scripte im Text zu kennzeichnen. So weiß der Interpreter, an welchen Stellen er zum Einsatz kommen soll. Die übrigen Abschnitte gibt der Server unverändert wieder.

Für diese Aufgabe kommen Tags zum Einsatz. An der Stelle, an der der entsprechende Abschnitt beginnt, muss das Tag `<?php` stehen. Danach folgt das Script. Am Ende steht das Schlusstag `?>`.

3

Neben dieser Standardmethode gibt es noch zwei weitere Möglichkeiten. Zwar ist es als Anfänger nicht ratsam, diese zu verwenden, da hierfür oftmals die Serverkonfiguration angepasst werden muss. Das kann leicht zu Fehlern führen. Da PHP-Programmierer jedoch häufig auch mit Code in Kontakt kommen, den andere Personen erstellt haben, kann es vorkommen, dass sie dabei auch auf andere Tags treffen. Daher ist es wichtig, diese ebenfalls zu kennen. Als alternative Auszeichnungen ist es möglich, die Kombinationen `<?` `?>` und `<%` `%>` zu verwenden.

3.2 Das erste Programm schreiben

Nun ist es an der Zeit, ein erstes eigenes Programm zu schreiben. Zu diesem Zweck ist es notwendig, zunächst den Texteditor zu öffnen, um die entsprechenden Kommandozeilen einzugeben. Da es sich hierbei um ein kleines PHP-Script handeln wird, ist es erforderlich, dieses im Code zu kennzeichnen. Zu diesem Zweck kommen die im vorherigen Abschnitt beschriebenen Tags zum Einsatz: `<?php` zum Öffnen des Scripts und `?>` am Ende. Dabei ist es sinnvoll, bereits beide Tags zu Beginn einzufügen. Das ist hilfreich, da viele Anfänger die Endung vergessen. Dieser häufige Fehler führt manchmal dazu, dass das ganze Programm nicht funktioniert. Im ersten Schritt sieht der Code daher wie folgt aus:

```
<?php

?>
```

In den Raum zwischen diesen beiden Tags sollen nun die eigentlichen Funktionen eingefügt werden. Für den Anfang ist es sinnvoll, einen einfachen Befehl zu wählen – beispielsweise `print`. Dieser erzeugt eine Ausgabe auf dem Bildschirm. Dabei ist es möglich, beliebige Wörter zu verwenden. Für das erste Programm soll die Ausgabe "Mein erstes Programm" lauten.

Der Text, der dabei erscheinen soll, muss immer in Anführungszeichen stehen. Das ist insbesondere dann wichtig, wenn Zahlen ausgeben werden sollen. Wenn beispielsweise nach dem `print`-Befehl "2+3" steht, gibt das Programm diesen Wert als Zeichenkette aus. Auf dem Bildschirm erscheinen daher genau die gleichen Zeichen: 2+3. Wenn dieser Ausdruck jedoch ohne Anführungszeichen eingefügt wird, betrachtet ihn das Programm als eine mathematische Operation. Das bedeutet, dass es zunächst den Wert dieses Terms berechnet: 2+3=5. Als Ausgabe erscheint daher lediglich die Zahl 5. Um Fehler zu vermeiden, ist es sehr wichtig, stets auf die richtige Setzung der Anführungszeichen zu achten.

Nach jedem PHP-Befehl muss ein Semikolon stehen. Dieses beendet die Funktion und ermöglicht, dass das Programm mit der nächsten Aufgabe fortfährt. Ein einfacher Zeilenumbruch ist hierfür nicht ausreichend. Sollte das Semikolon fehlen, interpretiert das Programm auch die darauffolgende Zeile als einen Teil des Befehls. Das kann zu Syntax-Fehlern führen und dafür sorgen, dass das Programm nicht lauffähig ist.

Wenn nun der vollständige Befehl zwischen die beiden bereits vorhandenen Tags eingefügt wird, ergibt sich folgender Code:

```
<?php
print "Mein erstes Programm";
?>
```

Damit ist das erste Programm bereits fertig. Dessen Funktionsweise ist ausgesprochen einfach. Wenn der Server diesen Code ausführt, erscheint lediglich der Titel "Mein erstes Programm" auf dem Bildschirm.

Nun ist es nur noch notwendig, den geschriebenen Code als Datei zu speichern. Der Dateiname darf dabei frei gewählt werden. Wichtig ist es lediglich, die Endung .php zu verwenden. Daran erkennt der Server, der das Programm ausführt, dass es sich hierbei um eine PHP-Datei handelt. Bei einigen Texteditoren ist es dafür notwendig, die Standard-Option – die Speicherung als txt.-Dokument – beim Abspeichern zu entfernen. Um dabei stets den Überblick zu behalten, empfiehlt es sich, selbsterklärende Namen auszuwählen, zum Beispiel: erstes_programm.php.

3.3   Das Programm zum Laufen bringen

Nun ist das erste Programm zwar bereits fertig, doch ist das Ergebnis bislang noch nicht auf dem Bildschirm zu erkennen. Die Anwender können lediglich den Text, den sie selbst geschrieben haben, im Texteditor betrachten. Um die Funktionsweise zu überprüfen, ist es jedoch notwendig, das Programm auszuführen. Hierfür kommt die Software XAMPP zum Einsatz. Da die Installation bereits in einem der vorherigen Kapitel erklärt wurde, sollte sich diese bereits auf dem PC des Lesers befinden.

Um die Software zu starten, ist es notwendig, die Datei xampp-control auszuführen. Diese befindet sich in dem Ordner, der bei der Installation von XAMPP gewählt wurde. Nach einem Doppelklick auf diese Datei erscheint folgendes Fenster:

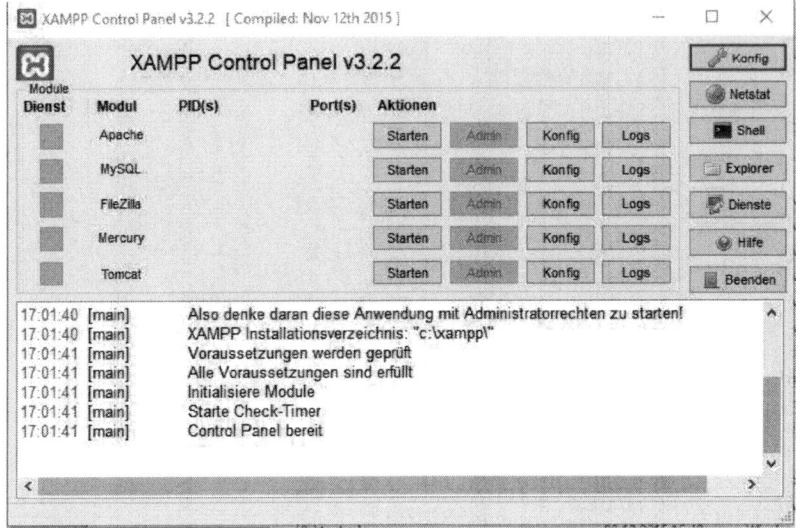

Screenshot 4: Der Start-Dialog bei XAMPP

Nun ist es notwendig, in der mit "Apache" gekennzeichneten Zeile auf den Button "Starten" zu klicken. Das führt dazu, dass der Webserver ausgeführt wird. Es ist nun möglich, das entsprechende Fenster zu schließen oder zu minimieren. Der Prozess findet weiterhin im Hintergrund statt.

Im nächsten Schritt ist es notwendig, das PHP-Programm in den Stammordner von XAMPP zu verschieben. Dabei handelt es sich um den Ordner "htdocs". Sollten später weitere Programme hinzukommen, ist es sinnvoll, Unterverzeichnisse einzufügen. Das verbessert die Übersicht deutlich.

Wenn das Programm im richtigen Verzeichnis platziert wurde, ist es erforderlich, es über einen Webbrowser aufzurufen. Dafür ist es notwendig, folgenden Pfad in die Adressleiste einzugeben: http://localhost/ erstes_programm.php. Sollte der Leser die Datei in einem Unterverzeichnis abgespeichert haben, muss der entsprechende Ordner in den Pfad eingefügt werden. Daraufhin erscheint das Ergebnis des ersten Programms im Browser.

3

Screenshot 5 Die Ausgabe des ersten Programms im Browser

Häufig kommt es vor, dass der Programmierer einen ersten Entwurf ausführen lässt, danach das Ergebnis im Browser betrachtet und daraufhin einige Änderungen vornimmt. Wenn er nun die neue Version überprüfen will, muss er diese zunächst im Texteditor abspeichern. Dies ist wie gewohnt über die Menüleiste möglich. Da dieser Vorgang beim Programmieren mit PHP jedoch unzählige Male wiederholt werden muss, sei es dem Leser ans Herz gelegt, hierfür die Tastenkombination Strg+S zu verwenden. Auf diese Weise lässt sich viel Zeit einsparen. Danach ist es notwendig, die Seite im Browser zu aktualisieren. Das ist mit dem kreisförmigen Pfeil neben der Adressleiste oder durch die Betätigung der Taste F5 möglich.

3.4   Übung: ein einfaches Programm in PHP schreiben

Im folgenden Abschnitt soll das Gelernte in die Praxis umgesetzt werden. Daher stehen an dieser Stelle zwei Übungsaufgaben, die Sie selbstständig lösen sollten. Die notwendigen Kenntnisse wurden in den vorherigen Abschnitten vermittelt. Nach den beiden Übungsaufgaben sind die Lösungen eingefügt, um Ihre Ergebnisse zu kontrollieren. Allerdings sind bei vielen Aufgaben mehrere Lösungswege möglich. Daher ist es stets sinnvoll, das Programm zur Kontrolle im Browser aufzurufen, um selbst zu überprüfen, ob es alle Anforderungen erfüllt. Die hier dargestellten Lösungsvorschläge dienen zum Vergleich und außerdem sind sie nützlich, wenn Sie alleine mit den Programmen nicht weiterkommen.

1. Erstellen Sie ein Programm, das die Besucher Ihrer Homepage begrüßt.

2. Zeigen Sie drei verschiedene Möglichkeiten auf, um die Zahl 8 als Ausgabe eines PHP-Programms darzustellen und erklären Sie die Unterschiede.

Lösungen:

1.

```
<?php
print "Herzlich Willkommen auf meiner Homepage!";
?>
```

Dieses Programm ist beinahe identisch mit dem Beispiel, das im Text beschrieben wurde. Der einzige Unterschied besteht darin, dass es einen anderen Text für die Wiedergabe verwendet. Dabei ist es wichtig, neben den beiden Tags für die Kennzeichnung des PHP-Scripts auf die Anführungszeichen und auf das Semikolon zu achten.

2.

```
<?php
print "8";
?>
```

In diesem Fall wird als Ausgabe der `print`-Funktion die Zahl 8 als Zeichenkette verwendet. Das liegt daran, dass sie in Anführungszeichen steht. Damit sind keine mathematischen Operationen möglich.

```
<?php
print 8;
?>
```

Im zweiten Beispiel ist die Ausgabe vollkommen identisch. Allerdings behandelt das Programm den Wert hierbei nicht als Zeichenkette, sondern als Zahl. Daher wäre es in einem weiteren Schritt hierbei möglich, weitere Berechnungen durchzuführen.

```
<?php
print 2*4;
?>
```

Im letzten Beispiel wird die Zahl 8 nicht direkt in die print-Funktion eingefügt. Sie ist das Ergebnis aus dem Term 2*4. Da dieser Ausdruck nicht in Anführungszeichen steht, betrachtet ihn PHP als mathematische Operation und berechnet automatisch das Ergebnis.

Kapitel 4

PHP und HTML miteinander verbinden

Bei der Gestaltung von Webseiten mit PHP besteht eine sehr enge Verbindung zwischen der Programmiersprache und dem HTML-Code. Das Ziel besteht in diesem Anwendungsbereich stets darin, mithilfe von PHP korrekte HTML-Seiten auszugeben. Daher ist es vor der Erstellung eines Programms mit PHP stets sinnvoll, sich zu überlegen, wie die Ausgabe aussehen soll. Daher ist es wichtig, die entsprechende Seite in HTML zu gestalten. Anschließend ist es erforderlich, die Stellen, die dynamische Inhalte verwenden, zu kennzeichnen. Anschließend müssen diese Bereiche durch ein PHP-Script ersetzt werden. Diese kleinen Programmstücke sollen nun Inhalte erzeugen, die an den jeweiligen Kontext angepasst sind. Sie sollen jedoch genau die gleiche Funktion übernehmen, wie die entsprechenden Elemente in der ursprünglichen HTML-Seite.

Für PHP-Programmierer ist es daher notwendig, diese enge Verbindung zwischen PHP und HTML zu berücksichtigen. Zum einen ist es wichtig, die PHP-Scripte sinnvoll in die HTML-Seite einzubinden. Zum anderen ist es notwendig, dass jedes einzelne dieser Scripte gültigen HTML-Code ausgibt. Die folgenden Abschnitte stellen vor, auf welche Weise es möglich ist, PHP und HTML miteinander zu verbinden.

4.1 HTML-Code mit PHP ausgeben

Im ersten Schritt soll dargestellt werden, auf welche Weise es möglich ist, HTML-Code mit PHP zu erzeugen. Diese Aufgabe ist im Prinzip ganz einfach. Hierfür kommt die gewöhnliche `print`-Funktion zum Einsatz. Dabei kommt jedoch kein einfacher Text zum Einsatz.

Dieser muss mit HTML-Tags versehen sein. Wenn beispielsweise eine Überschrift als solche gekennzeichnet werden soll, ist es lediglich notwendig, die entsprechenden <h1>-Tags in die print-Funktion aufzunehmen:

```php
<?php
print "<h1>Willkommen auf meiner Homepage!</h1>";
?>
```

Willkommen auf meiner Homepage!

Screenshot 6 Die Ausgabe als Überschrift

Da es sich hierbei um eine Zeichenkette handelt, ist es selbstverständlich notwendig, Anführungszeichen zu verwenden. Das ist hierbei besonders wichtig, da die spitzen Klammern auch in PHP spezielle Funktionen haben. Sollten diese nicht eindeutig als Teil einer Zeichenkette gekennzeichnet sein, führt das zu Syntax-Fehlern, sodass der Server das Programm nicht ausführen kann.

In diesem Beispiel führt der Server das Programm aus und gibt als Ausgabe <h1>Willkommen auf meiner Homepage</h1> zurück und übermittelt diesen Code an den Browser. Dieser zeigt daraufhin lediglich die gewünschte Überschrift an: Willkommen auf meiner Homepage. Sie ist jedoch groß und fett gestaltet, woraus hervorgeht, dass der Browser den Text als Überschrift erkannt hat und entsprechend darstellt. Das lässt sich außerdem durch die Anzeige des Quellencodes überprüfen. Dafür ist es notwendig, mit der rechten Maustaste auf die entsprechende Seite zu klicken und dann die Option "Quellencode anzeigen" auszuwählen. Daraufhin erscheint der Text mit den entsprechenden Tags.

Screenshot 7 Anzeige des Quellencodes im Browser

Normalerweise besteht eine Internetseite nicht nur aus einer einzelnen Überschrift. Aus diesem Grund ist es in der Regel notwendig, mehrere Elemente mit PHP ausgeben zu lassen. Im Prinzip ist es möglich, alle unterschiedlichen Elemente im gleichen print-Befehl unterzubringen. Auf diese Weise wird der Code jedoch sehr unübersichtlich. Deshalb ist es empfehlenswert, für jeden einzelnen Bereich einen eigenen print-Befehl zu verwenden:

```
<?php
print "<h1>Willkommen auf meiner Homepage!</h1>";
print "<p>1. Absatz</p>";
print "<p>2. Absatz</p>";
?>
```

Screenshot 8 Die Ausgabe der Seitenstruktur im Browser

Wenn das Programm nun ausgeführt wird, erscheint auf der Seite zunächst die Überschrift in großen Schriftzeichen. Darunter folgen jeweils mit einigem Abstand und in deutlich kleinerer Schrift der erste und der zweite Absatz. Die Ausgabe ist daher genau wie gewünscht. Allerdings ist es auch hierbei sinnvoll, sich nochmals den Quellencode der entsprechenden Seite genau anzuschauen. Hierbei fällt auf, dass sich alle aufgeführten Bestandteile der Seite in der gleichen Zeile befinden. Bei einem kleinen Programm wie in diesem Beispiel stellt das sicherlich kein großes Problem dar. Bei umfangreichen Seiten wird der Quellencode dadurch jedoch extrem unübersichtlich. Das bringt extreme Nachteile bei der Programmierung in PHP mit sich. Denn häufig kommt es dabei vor, dass dem Programmierer ein kleiner Fehler unterlaufen ist, sodass die Seite nicht korrekt angezeigt wird. In diesem Fall ist es sehr hilfreich, den Quellencode zu untersuchen, um herauszufinden, worauf das Problem beruht. Wenn der gesamte Code jedoch in einer einzelnen Linie erscheint, ist es fast unmöglich, den Fehler zu finden.

Screenshot 9 Der Quellencode in einer einzigen Zeile

Aus diesem Grund ist es empfehlenswert, den Befehl \n nach jedem HTML-Element einzufügen. Dieser hat keinerlei Auswirkungen auf die Darstellung der Seite. Er bewirkt jedoch einen Zeilenumbruch im Quellencode. Das fertige Programm sieht daher wie folgt aus:

```php
<?php
print "<h1>Willkommen auf meiner Homepage!</h1>\n";
print "<p>1. Absatz</p>\n";
print "<p>2. Absatz</p>\n";
?>
```

Screenshot 10 Übersichtlichere Gestaltung des Quellencodes

35

Wenn nach dieser kleinen Änderung der Quellentext erneut abgerufen wird, erscheint er deutlich besser geordnet, da jedes Element in einer eigenen Zeile steht.

4.2   PHP-Scripte in eine HTML-Seite integrieren

Der vorherige Abschnitt hat gezeigt, dass es kein Problem darstellt, HTML-Code mit einer PHP-Funktion zu erzeugen. Eigentlich ist es möglich, auf diese Weise die gesamte Internetseite zu gestalten. Dazu wäre es notwendig, für jedes einzelne HTML-Element eine eigene `print`-Funktion zu gestalten. Das würde jedoch einen sehr großen Aufwand mit sich bringen, der eigentlich vollkommen unnötig ist.

Das liegt daran, dass selbst bei dynamischen Seiten viele Elemente über die gesamte Website hinweg – oder zumindest bei thematisch zusammengehörigen Seiten – gleich bleiben. Daher ist es möglich, diese Bereiche statisch zu gestalten. Hierfür ist es lediglich notwendig, sie in HTML zu codieren. PHP-Scripte kommen dann nur in den Bereichen zum Einsatz, in denen tatsächlich dynamische Inhalte erzeugt werden.

Ein kleines Beispiel soll das verdeutlichen. Eine Website verwendet für jede einzelne Seite die gleiche Gestaltungsweise. Diese besteht aus einer Hauptüberschrift, die über die gesamte Site hinweg gleich bleibt. Außerdem wird eine Fußzeile mit dem Impressum eingefügt. Auch hierbei treten keine Unterschiede zwischen den einzelnen Seiten auf. Lediglich die eigentlichen Artikel, die auf den einzelnen Seiten erscheinen, sollen sich unterscheiden. Diese bestehen aus einer Artikelüberschrift und einem Textblock. Diese Elemente sollen aus einer Datenbank abgerufen werden. Daher ist es hierbei möglich, die festen Elemente nur mit HTML auszuzeichnen, und die variablen Inhalte mit PHP:

```
<h1>Hauptüberschrift für die Website</h1>
<?php
print "<h2>Artikelüberschrift</h2>\n";
print "<p>Textblock</p>\n";
?>
<p>Fußzeile</p>
```

Screenshot 11 Anzeige der einzelnen Elemente der Seiteninhalte

Screenshot 12 Im Quellencode erscheint lediglich HTML-Code

37

Bei diesem Beispiel gilt es zu beachten, dass die Bereiche Artikelüberschrift und Textblock lediglich als Platzhalter für eine Datenbankabfrage stehen. Auf welche Weise es mit PHP möglich ist, diese Daten abzurufen, wird erst in einem späteren Kapitel erläutert.

Dieses Codebeispiel zeigt, dass es ganz einfach ist, HTML und PHP zu mischen. Da der PHP-Code immer durch die entsprechenden Tags ausgezeichnet sein muss, erkennt der Interpreter genau, wann er ein entsprechendes Programm ausführen muss. Dabei ist es auch möglich, mehrere PHP-Scripte in das Dokument zu integrieren. Das ist häufig notwendig, da sich bei umfangreicheren Inhalten statische und dynamische Elemente abwechseln. Das gilt nicht nur für den body-Bereich, in dem die eigentlichen Inhalte stehen. Auch im head–Bereich gibt es viele Vorgaben, die für die gesamte Website gleich sind. Andere Teile wie der Titel und die Beschreibung werden hingegen für jede Seite individuell angepasst. Daher ist hierbei die Verwendung von PHP-Scripts für die dynamische Erzeugung sinnvoll. Eine komplette Seite – wenn auch im Beispiel stark vereinfacht – könnte folgendermaßen aussehen:

```
<html>
<head>
<?php print "<title>Individueller Titel der Seite</title>\n"; ?>
<?php print "<meta name=\"description\" content=\"Individuelle
Beschreibung der Seite\"/> \n"; ?>
<link rel="stylesheet" href="Link zum Stylesheet ist für alle Seiten
gleich"/>
</head>
<body>
<h1>Hauptüberschrift für die Website</h1>
<?php
print "<h2>Artikelüberschrift</h2>\n";
print "<p>Textblock</p>\n";
?>
<p>Fußzeile</p>
</body>
</html>
```

Hauptüberschrift für die Website

Artikelüberschrift

Textblock

Fußzeile

Screenshot 13 Bei der Anzeige im Browser ändert sich nur der Titel im oberen Registerblatt

Screenshot 14 Der Quellencode hat sich jedoch deutlich verändert

Anmerkung: Die Anführungszeichen der Meta-Description sind Teil des HTML-Quellencodes. Wenn diese jedoch ohne weiteren Zusatz in das PHP-Script eingefügt werden, geht der Interpreter davon aus, dass diese die Eingabe der print-Funktion – die ja ebenfalls mit einem Anführungszeichen beginnt – beenden. Das führt zu Syntax-Fehlern. Daher ist es notwendig einen inversen Schrägstrich (\) vor dem Anführungszeichen einzufügen. So gibt der Interpreter dieses unverändert im Quellencode aus.

Alle Programmcodes aus diesem Buch sind als PDF zum
Download verfügbar. Dadurch müssen Sie sie nicht abtippen:
https://bmu-verlag.de/books/php-mysql/

Außerdem erhalten Sie die eBook Ausgabe zum Buch im
PDF Format kostenlos auf unserer Website:

https://bmu-verlag.de/books/php-mysql/
Downloadcode: siehe Kapitel 18

Kapitel 5
Variablen: ein wichtiges Element der Programmierung mit PHP

Manche Leser haben sich bei den bisher vorgestellten Programmen vielleicht gefragt, weshalb es hierbei eigentlich notwendig war, den Code mit PHP zu programmieren. Der gleiche Effekt wäre nämlich auch mit reinem HTML-Code möglich gewesen. Das wäre einfacher und übersichtlicher. Dieser Einwand ist sicherlich korrekt. Die ersten Programm-Beispiele waren so einfach, dass dafür eigentlich überhaupt keine richtige Programmiersprache notwendig wäre.

Das ändert sich jedoch in diesem Kapitel. Dieses führt Variablen ein. Dabei handelt es sich um Platzhalter, die verschiedene Werte annehmen können. Jede Variable hat einen eindeutigen Namen, der einen Zugriff ermöglicht. Als veranschaulichendes Beispiel ist es möglich, sich die Variablen wie Schubladen in einer Kommode vorzustellen. Jede davon ist mit einem eigenen Namen beschriftet. Die Variable bleibt dabei immer gleich, der Inhalt kann sich jedoch ändern.

In diesen Schubladen können sich ganz unterschiedliche Dinge befinden – beispielsweise Schriftstücke, Stifte oder Münzen. Das ist bei Variablen ähnlich. Auch hierbei gibt es unterschiedliche Typen. Meistens handelt es sich dabei um Zeichenketten oder Zahlen. Mit den Inhalten lassen sich – sowohl im Beispiel mit der Kommode als auch bei Variablen – verschiedene Operationen durchführen. Die Nutzer können die Stifte aus einer Schublade in eine andere zu legen, in der sich bereits einige Stifte befinden. Bei den Schriftstücken ist es möglich, diese zusammenzufügen und einen längeren Text zu erstellen. Die Möglichkeiten hängen dabei stets von der Art des Inhalts ab. Auch das trifft auf die Variablen zu. Mit Variablen, die Zahlen enthalten, sind ganz andere Operationen möglich, als wenn sich Zeichenketten darin befinden.

Der Inhalt der Schubladen kann sich zwar gelegentlich ändern. Zu einem bestimmten Zeitpunkt ist er jedoch immer genau definiert. Auch das trifft auf die Variablen zu. Eine Abfrage des Werts gibt zu jedem beliebigen Zeitpunkt ein eindeutiges Ergebnis. Ein Sonderfall tritt auf, wenn eine Variable noch nicht definiert wurde. Das ist mit einer leeren Schublade zu vergleichen. Der Rückgabewert gibt jedoch auch hierbei eindeutig an, dass noch kein Inhalt vorhanden ist.

Variablen stellen eine wichtige Grundlage für die Gestaltung dynamischer Webseiten dar. Häufig wird dabei in die print-Funktion lediglich eine Variable eingefügt. Das kann ganz unterschiedliche Ausgaben zur Folge haben – je nachdem, welchen Wert sie gerade hat.

5.1 Text mit einer Variablen erfassen

Webseiten bestehen zu einem großen Teil aus einfachem Text. Bei dynamischen Webseiten kommt es in erster Linie darauf an, sich ändernde Textbausteine in die Seiten einzufügen. Hinzu kommt selbstverständlich der HTML-Code. Doch auch hierbei handelt es sich lediglich um Text. Darüber hinaus ist es wichtig, Grafiken und Multimedia-Inhalte einzufügen. Da jedoch auch hierbei die Einbindung über den HTML-Code stattfindet, sind diese Bestandteile ebenfalls in Textform einzufügen.

Diese Eigenschaft wirkt sich auch auf die Nutzung der Variablen aus. PHP-Programmierer, die sich der Gestaltung von Internetseiten widmen, verwenden besonders häufig Variablen, die Text enthalten. Mathematische Operationen sind dabei vergleichsweise selten. Da Textvariablen bei der Programmierung mit PHP eine besonders wichtige Rolle spielen, sollen diese an erster Stelle behandelt werden.

Im vorherigen Abschnitt wurde ausgeführt, dass Variablen wie eine Schublade zu verstehen sind. Das lässt sich bei Textvariablen besonders anschaulich darstellen. In diesem Fall steht das Möbelstück in einem Verlagshaus. Die einzelnen Mitarbeiter verfassen Schriftstücke und legen diese in die entsprechende Schublade. Dabei ist es möglich, den bisherigen Inhalt herauszunehmen und durch neue Texte zu ersetzen. Die Angestellten können ihre Schriftstücke aber auch einfach zu den bereits vorhandenen hinzufügen. Gelegentlich kommt der Redakteur vorbei und gibt die entsprechenden Inhalte in den Druck, um sie zu veröffentlichen. Bei Textvariablen ist es ebenfalls möglich, Inhalte auszutauschen, zu ergänzen oder zu ändern. Wenn der gewünschte Text erstellt wurde, ist es möglich, ihn mit der print-Funktion auf dem Bildschirm auszugeben.

Um eine Textvariable zu erstellen und mit Inhalt zu füllen, ist folgender Code notwendig:

```
<?php
$textbaustein = "Meine erste Variable";
?>
```

Eine Variable wird in PHP stets mit einem Dollarzeichen eingeführt. Darauf folgt der Name der Variablen. Diesen kann der Nutzer im Prinzip frei wählen. Er muss lediglich darauf achten, keine Namen doppelt zu vergeben. Außerdem dürfen darin keine Sonderzeichen vorkommen, die in PHP eine besondere Funktion haben.

Nachdem die Variable eingeführt ist, wird sie sofort mit Inhalt gefüllt. Dazu dient das Gleichheitszeichen. Anschließend folgt der Text, den die Variable enthalten soll. Im Gegensatz zu einigen anderen Programmiersprachen ist es in PHP nicht notwendig, den Typ der Variablen anzugeben. Dass es sich hierbei um eine Textvariable handelt, erkennt der Interpreter automatisch daran, dass der Inhalt in Anführungszeichen steht. Variablen können sogar innerhalb des Programms ihren Typ ändern.

Um den Inhalt der Variablen auf dem Bildschirm wiederzugeben, ist es lediglich notwendig, sie in die print-Funktion einzufügen. Dabei ist ebenfalls das Dollarzeichen vor dem Namen der Variablen erforderlich. Anführungszeichen dürfen in diesem Fall nicht gesetzt werden, da die Funktion sonst den Variablennamen auf dem Bildschirm wiedergeben würde. Das fertige Programm sieht daher wie folgt aus:

```
<?php
$textbaustein = "Meine erste Variable";
print $textbaustein;
?>
```

Meine erste Variable

Screenshot 15 Die Ausgabe der Variablen auf dem Bildschirm

5.2   Zahlen als Variable abspeichern

Variablen können neben Text auch Zahlen aufnehmen. Bei vielen Computerprogrammen ist dies die häufigste Verwendung der Variablen. Aufgrund der Besonderheit, dass PHP meistens für die Gestaltung von Internetseiten zum Einsatz kommt, bei denen der Text im Vordergrund steht, ist diese Anwendung von etwas kleinerer Bedeutung. Dennoch kommt es auch in PHP-Programmen immer wieder vor, dass eine Variable einen numerischen Wert annehmen muss. Insbesondere für die Steuerung von Schleifen, die in einem späteren Kapitel erklärt wird, ist diese Funktion sehr wichtig.

Computerprogramme unterscheiden häufig zwischen vielen verschiedenen Zahlentypen. Dabei kann es sich um ganze Zahlen handeln, die als integer bezeichnet werden. Außerdem gibt es Kommazahlen. Jeder Zahlentyp ist dabei in seiner Größe begrenzt, sodass der dafür benötigte Speicherplatz fest vorgegeben ist. Bei vielen Programmiersprachen ist es notwendig, genau anzugeben, um welche Art von Zahl es sich bei einer Variablen handelt. So reserviert das Programm einen Speicherplatz in der passenden Größe. PHP-Programmierer müssen sich darum jedoch nicht kümmern. Der Interpreter übernimmt diese Aufgabe selbstständig.

Um einer Variablen einen nummerischen Wert zuzuordnen, ist es lediglich notwendig, sie entsprechend zu deklarieren und mit einem Inhalt zu füllen. Das funktioniert fast genau gleich, wie bei Textvariablen:

```php
<?php
$ganzezahl = 5;
$kommazahl = 5.555;
print $ganzezahl ;
print "<br>";
print $kommazahl;
?>
```

Screenshot 16 Die Darstellung der Zahlen auf dem Bildschirm

Anmerkung: Der Befehl print "<br>"; erzeugt das HTML-Tag <br> im Quellencode. Dieses führt wiederum zu einem Zeilenumbruch auf dem Bildschirm. Ohne diesen Befehl würden beide Zahlen ohne Leerzeichen oder Zeilenumbruch hintereinander ausgegeben.

5.3 Boolesche Variablen

Neben Text und Zahlen gibt es noch eine dritte Art von Variablen. Dabei handelt es sich um sogenannte boolesche Variablen. Diese sollen hier nur kurz erwähnt werden, da sie im weiteren Verlauf dieses Buchs nur eine untergeordnete Rolle spielen. Für spätere Aufgaben ist es jedoch wichtig, dass der Leser weiß, dass es diesen Variablentyp gibt und wozu er dient.

Diese Variablen sind nach dem englischen Mathematiker und Logiker George Boole benannt. Eigentlich handelt es sich dabei um Variablen, die eine endliche Zahl von Werten annehmen können. In PHP – und in allen weiteren Programmiersprachen – sind genau zwei unterschiedliche Zustände möglich. Eine boolesche Variable kann die Werte `true` und `false` – auf Deutsch wahr und falsch –annehmen. Daraus geht bereits die Verwendung dieser Variablen hervor: Sie dienen als Wahrheitswert. Sie kommen in erster Linie zum Einsatz, um bei Funktionen eine Bedingung vorzugeben. Nur wenn diese Bedingung erfüllt ist – also wenn der Wert der entsprechenden Variablen true ist – wird die entsprechende Funktion ausgeführt.

5.4 Operationen mit Variablen

Die bisherigen Beispielprogramme, die Variablen verwenden, würden eigentlich auch ohne diese Platzhalter auskommen. Wenn die entsprechenden Texte oder Zahlen direkt in die `print`-Funktion eingefügt werden, ist die Ausgabe genau die gleiche.

In etwas komplizierteren Programmen ist der Einsatz von Variablen jedoch von großer Bedeutung. Zahlreiche Funktionen sind ohne sie nicht möglich. Das liegt daran, dass sich damit viele verschiedene Operationen durchführen lassen. Diese ändern den Wert der Variablen und bieten dadurch viele neue Möglichkeiten für die Gestaltung des Programms.

Eine ganz einfache Alternative besteht darin, den Inhalt einer Variablen durch das Zuweisen eines neuen Werts zu verändern:

```
<?php
$bestand = 5;
print "<p>Verfügbare Artikel: ";
print $bestand;
```

47

```
print "</p>\n";
$bestand = 4;
print "<p>Verfügbare Artikel: ";
print $bestand;
print "</p>\n";
?>
```

Dieses Programm gibt den Warenbestand für einen bestimmten Artikel an und gibt diesen auf dem Bildschirm aus. Danach wird einer dieser Artikel verkauft, sodass nur noch vier Einheiten verfügbar sind. Anschließend wird der Variablen der neue Wert zugewiesen und danach erfolgt eine erneute Anzeige, um die Ergebnisse deutlich zu machen.

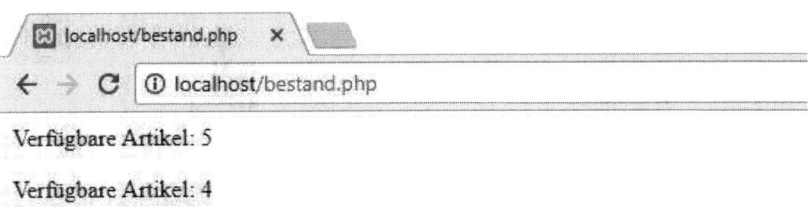

Screenshot 17 Die Anzeige der Verfügbaren Artikel auf dem Bildschirm

Dieses Programm zeigt zwar, dass sich einer Variablen ganz einfach ein neuer Wert zuweisen lässt. In der Praxis ist es jedoch nicht sehr geschickt, hierfür konkrete Werte zu verwenden. Denn wenn ein weiterer Artikel verkauft wird, kann diese Funktion nicht erneut zum Einsatz kommen, da hierfür der neue Wert auf 3 angepasst werden müsste. Daher ist es sinnvoller, eine mathematische Operation durchzuführen. Diese lässt sich mit jedem beliebigen Ausgangswert anwenden und kann daher bei jedem Verkauf zum Einsatz kommen, unabhängig davon, wie viele Artikel gerade verfügbar sind:

```php
<?php
$bestand = 5;

print "<p>Verfügbare Artikel: ";
print $bestand;
print "</p>\n";

$bestand = $bestand-1;

print "<p>Verfügbare Artikel: ";
print $bestand;
print "</p>\n";

?>
```

5

Die Anzeige auf dem Bildschirm ist dabei genau die gleiche, wie beim vorherigen Programm. Nun ist es jedoch möglich, den Ausgangswert der Variablen zu verändern und ihn beispielsweise auf 6 zu setzen. In diesem Fall passt das Programm die Werte automatisch an. Die Variable nimmt dabei auf sich selbst Bezug und führt eine Rechenoperation mit ihrem ursprünglichen Wert durch. Genau auf die gleiche Weise lassen sich viele weitere Berechnungen durchführen – beispielsweise Additionen, Multiplikationen oder Divisionen. Die folgende Liste zeigt einige wichtige mathematische Operatoren:

+   Additionen

–   Subtraktion

*   Multiplikationen

/   Division

**   Potenzen (erst ab PHP-Version 5.6)

Da es bei vielen Programmen notwendtg ist, den Wert einer Variablen um eine Einheit zu erhöhen oder zu erniedrigen, ist hierfür auch eine Kurzform vorhanden. Anstatt der Zeile `$bestand = $bestand-1;` ist es ganz einfach möglich `$bestand--;` einzufügen. Der Befehl `$bestand++;` erhöht den Wert dieser Variablen hingegen. Auf diese Weise lässt sich viel Zeit beim Programmieren sparen.

Für die Bearbeitung von Texten ist insbesondere der Punktoperator von großer Bedeutung. Dieser dient dazu, zwei Textvariablen miteinander zu verbinden. Das ist sehr praktisch, um einen Text aus verschiedenen Variablen zusammenzusetzen. Wenn auf der Seite beispielsweise eine personalisierte Ansprache des Besuchers erscheinen soll, lässt sich diese aus der Anrede und dem Namen zusammenfügen:

```php
<?php
$anrede = "Frau";
$name = "Müller";

$leseransprache = $anrede." ".$name;

print "<h1>Hallo ";
print $leseransprache;
print "!</h1>\n";

?>
```

Screenshot 18 So wird die Leseransprache auf dem Bildschirm ausgegeben.

Die Variable $leseransprache entsteht hierbei aus einer Verknüpfung zwischen den Variablen $anrede und $name. Wichtig ist es dabei, das Leerzeichen zu beachten, das zwischen den beiden Variablen in Anführungszeichen steht und ebenfalls mit dem Punktoperator verbunden wird. Ohne diesen Zusatz würde das Programm die beiden Wörter miteinander verbinden und ohne das Leerzeichen ausgeben.

Dieses Beispiel zeigt noch eine weitere Anwendungsmöglichkeit des Punktoperators auf. Für die einfache Begrüßung der Leserin sind hierbei drei verschiedene `print`-Funktionen notwendig. Das ist relativ umständlich. Daher ist es empfehlenswert, die verschiedenen Ausgaben ebenfalls durch den Punktoperator miteinander zu verbinden und in einem einzigen `print`-Befehl zusammenzufassen:

```
print "<h1>Hallo ".$leseransprache."!</h1>\n";
```

Dieser Befehl ist deutlich kürzer, die Funktionsweise verändert sich dabei jedoch nicht.

5.5 Arrays: zusammengesetzte Variablen

In vielen Fällen kommt es vor, dass Variablen in zusammengehörigen Gruppen auftreten. Ein Beispiel hierfür ist das Sortiment eines Onlineshops, das bereits bei der einführenden Erklärung der SQL-Datenbanken herangezogen wurde. Hierbei sind für jedes Produkt die Artikelnummer, der Produktname, der Preis, eine Kurzbeschreibung sowie die Anzahl der verfügbaren Einheiten erforderlich.

Selbstverständlich ist es hierbei möglich, für jeden dieser Werte eine eigene Variable zu verwenden – beispielsweise $artikelnummer, $produktname, $preis, $beschreibung und $anzahl. Diese Methode macht die Bearbeitung jedoch kompliziert und unübersichtlich. Daher ist sie anfällig gegenüber Fehlern. Da sich all diese Angaben auf den gleichen Artikel beziehen, ist es daher sinnvoll, sie zu einer Einheit zusammenzuführen. Das sorgt für eine übersichtliche Struktur. Hierfür kommen Arrays zum Einsatz.

Ein Array kann man sich wie eine Werkzeugkiste vorstellen. Diese enthält mehrere unterschiedliche Fächer. In jedem dieser Fächer lässt sich ein unterschiedliches Werkzeug – beziehungsweise im übertragenen Sinne eine Variable – ablegen. Um ein Array anzulegen, ist folgender Code notwendig:

```php
<?php

$produkt = array();

$produkt[0] = 1;
$produkt[1] = "Bohrmaschine";
$produkt[2] = 45;
$produkt[3] = "Kraftvolle Bohrmaschine für Bohr- und
Schraubarbeiten";
$produkt[4] = 23;
?>
```

Das Array wird im Prinzip wie eine Variable behandelt. Daher ist es notwendig, das Dollarzeichen vor den Array-Namen zu stellen. Der Ausdruck array() zeigt dem Interpreter, dass es sich hierbei um ein Array handelt. In PHP ist es hierbei nicht notwendig, die Anzahl der einzelnen Felder anzugeben. Der Programmierer kann daher beliebig viele Einträge hinzufügen. Dies geschieht in den folgenden Zeilen. Dabei wird den einzelnen Feldern ein konkreter Wert zugewiesen. PHP erlaubt es, mit jeder beliebigen Indexzahl zu beginnen. Diese müssen außerdem nicht fortlaufend sein. Es ist jedoch gängige Praxis, dem ersten Feld den Index 0 zuzuweisen und dann die einzelnen Felder fortlaufend zu nummerieren.

Um ein Array einzuführen, gibt es noch eine deutlich kürzere und praktischere Methode. Anstatt des gesamten Ausdrucks im vorherigen Code-Beispiel reicht hierfür eine einzige Zeile aus:

```php
<?php

$produkt = array(1, "Bohrmaschine", 45, "Kraftvolle Bohrmaschine für
Bohr- und Schraubarbeiten", 23);

?>
```

Die Indexnummer wird in diesem Fall fortlaufend vergeben und beginnt mit 0. Auf diese Weise entsteht genau der gleiche Array wie im vorherigen Beispiel. Um die Ergebnisse zu überprüfen, ist es sinnvoll, den Array auf dem Bildschirm auszugeben. Vorerst ist es zu diesem Zweck notwendig, für jedes einzelne Feld einen eigenen print-Befehl zu erstellen:

```php
<?php

$produkt = array(1, "Bohrmaschine", 45, "Kraftvolle Bohrmaschine für
Bohr- und Schraubarbeiten", 23);

print $produkt[0]."<br>\n";
print $produkt[1]."<br>\n";
print $produkt[2]."<br>\n";
print $produkt[3]."<br>\n";
print $produkt[4]."<br>\n";

?>
```

localhost/array.php ✕
← → C ⓘ localhost/array.php

1
Bohrmaschine
45
Kraftvolle Bohrmaschine für Bohr- und Schraubarbeiten
23

Screenshot 19 Die Ausgabe des Arrays

In diesem Beispiel erfolgt der Zugriff auf die einzelnen Felder über eine Indexnummer. Das bringt zahlreiche Vorteile mit sich. Beispielsweise lassen sich auf diese Weise Funktionen erstellen, die mithilfe mathematischer Operationen auf die einzelnen Felder zugreifen. Das Problem besteht jedoch darin, dass diese Werte nicht selbsterklärend sind. Selbstverständlich weiß der Programmierer, wenn er das Array erstellt, dass das Feld 0 für die Artikelnummer, das Feld 1 für den Produktnamen und das Feld 2 für den Preis steht. Allerdings kann es sein, dass er dies nach einiger Zeit wieder vergisst. Wenn er dann Änderungen am Programm vornehmen will, muss er sorgfältig überprüfen, welche Index-Nummer für welchen Inhalt steht.

Um dieses Problem zu vermeiden, ist es auch möglich, hierfür selbsterklärende Bezeichnungen zu verwenden. Diese Form wird als assoziativer Array bezeichnet.

```php
<?php

$produkt = array();
$produkt['Artikelnummer'] = 1;
$produkt['Produktname'] = "Bohrmaschine";
$produkt['Preis'] = 45;
$produkt['Beschreibung'] = "Kraftvolle Bohrmaschine für Bohr- und
Schraubarbeiten";
$produkt['Anzahl'] = 23;

?>
```

Auch dieser Befehl lässt sich wieder in einer Zeile zusammenfassen:

```php
$produkt = array('Artikelnummer' => 1, 'Produktname' =>
"Bohrmaschine", 'Preis' => 45, 'Beschreibung' => "Kraftvolle
Bohrmaschine für Bohr- und Schraubarbeiten", 'Anzahl' => 23);
```

Um dieses Array wiederzugeben, ist auch die Ausgabe anzupassen. Das vollständige Programm lautet daher:

```php
<?php

$produkt = array('Artikelnummer' => 1, 'Produktname' =>
"Bohrmaschine", 'Preis' => 45, 'Beschreibung' => "Kraftvolle
Bohrmaschine für Bohr- und Schraubarbeiten", 'Anzahl' => 23);
print $produkt['Artikelnummer']."<br>\n";
print $produkt['Produktname']."<br>\n";
print $produkt['Preis']."<br>\n";
print $produkt['Beschreibung']."<br>\n";
print $produkt['Anzahl']."<br>\n";

?>
```

Der Text, der dabei auf dem Bildschirm erscheint, ist genau der gleiche wie im vorherigen Screenshot.

Darüber hinaus ist es möglich, zusammengesetzte Arrays zu erzeugen. Im hier beschriebenen Beispiel wäre dies beispielsweise sinnvoll, um das gesamte Warensortiment darzustellen. Da dies jedoch sehr umfangreich wäre, soll dieses im Beispiel auf drei Produkte mit jeweils drei Eigenschaften – Artikelnummer, Produktname und Preis – beschränkt werden. Für den Zugriff auf die einzelnen Inhalte ist es nun notwendig, beide Indizes anzugeben:

```php
<?php

$sortiment = array();

$sortiment[0]['Artikelnummer'] = 1;
$sortiment[0]['Produktname'] = "Bohrmaschine";
$sortiment[0]['Preis'] = 5 ;

$sortiment[1]['Artikelnummer'] = 2;
$sortiment[1]['Produktname'] = "Kreissäge";
$sortiment[1]['Preis'] = 79;

$sortiment[2]['Artikelnummer'] = 3;
$sortiment[2]['Produktname'] = "Bandschleifer";
$sortiment[2]['Preis'] = 9 ;

print $sortiment[0]['Produktname']."<br>\n";
print $sortiment[1]['Produktname']."<br>\n";
print $sortiment[2]['Produktname']."<br>\n";

print $sortiment[0]['Preis']."<br>\n";
print $sortiment[1]['Preis']."<br>\n";
print $sortiment[2]['Preis']."<br>\n";

?>
```

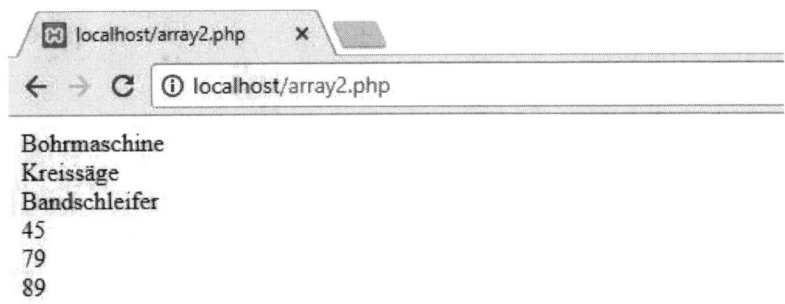

Screenshot 20 die Ausgabe der Felder des zusammengesetzten Arrays

5.6   Übung: Umgang mit Variablen

1. Schreiben Sie ein Programm, das zwei nummerische Variablen verwendet. Dieses soll die beiden Werte zunächst einzeln ausgeben. Anschließend soll es beide Variablen multiplizieren und das Ergebnis ausgeben.

2. Schreiben Sie ein Programm, das folgenden Liedtext ausgibt:

    "Freude, schöner Götterfunken,
    Tochter aus Elysium,
    wir betreten feuertrunken,
    Himmlische, dein Heiligtum."

    Dabei soll jede Zeile in einer Variablen erfasst werden. Verwenden Sie für die Ausgabe nur einen einzigen print-Befehl.

3. Erstellen Sie ein Array, das von drei Kunden jeweils die Kundennummer, den Vor- und den Nachnamen enthält. Geben Sie daraufhin die entsprechenden Werte auf dem Bildschirm aus. Dabei sollen die zusammengehörigen Werte für jeden Kunden jeweils in einer Zeile stehen.

Lösungen:

1.

```php
<?php

$zahl1 = 5;
$zahl2 = 7;

print "<p>Variable 1: ".$zahl1."</p>\n";
print "<p>Variable 2: ".$zahl1."</p>\n";

$ergebnis = $zahl1*$zahl2;

print "<p>Das Ergebnis aus ".$zahl1." * ".$zahl2." ist:
".$ergebnis.".</p>\n";

?>
```

Hierbei handelt es sich nur um einen von mehreren Lösungswegen. Beispielsweise wäre es auch möglich, auf die Variable $ergebnis zu verzichten und die Operation direkt in den print-Befehl einzufügen.

2.

```php
<?php

$teil1 ="Freude, schöner Götterfunken,";
$teil2 ="Tochter aus Elysium,";
$teil3 ="wir betreten feuertrunken,";
$teil4 ="Himmlische, dein Heiligtum.";

print "<p>".$teil1."<br>\n".
      $teil2."<br>\n".
      $teil3."<br>\n".
      $teil4."</p>\n";

?>
```

Die einzelnen Variablen lassen sich ganz einfach mit dem Punktoperator zusammenfügen. Auf diese Weise fügen Sie auch die HTML-Tags für Absätze und Zeilenumbrüche ein.

3.

```php
<?php

$kundendaten = array();

$kundendaten[0]['Kundennummer'] = 10001;
$kundendaten[0]['Vorname'] = "Heinz";
$kundendaten[0]['Nachname'] = "Mahler";

$kundendaten[1]['Kundennummer'] = 10002;
$kundendaten[1]['Vorname'] = "Eva";
$kundendaten[1]['Nachname'] = "Müller";
$kundendaten[2]['Kundennummer'] = 10003;
$kundendaten[2]['Vorname'] = "Michael";
$kundendaten[2]['Nachname'] = "Mayer";

print "Kundennummer: ".$kundendaten[0]['Kundennummer'].
     ", Vorname: ".$kundendaten[0]['Vorname'].
     ", Nachname: ".$kundendaten[0]['Nachname']."<br>\n";

print "Kundennummer: ".$kundendaten[1]['Kundennummer'].
     ", Vorname: ".$kundendaten[1]['Vorname'].
     ", Nachname: ".$kundendaten[1]['Nachname'] "<br>\n";

print "Kundennummer: ".$kundendaten[2]['Kundennummer'].
     ", Vorname: ".$kundendaten[2]['Vorname'].
     ", Nachname: ".$kundendaten[2]['Nachname']."<br>\n";

?>
```

Kundennummer: 10001, Vorname: Heinz, Nachname: Mahler
Kundennummer: 10001, Vorname: Eva, Nachname: Müller
Kundennummer: 10003, Vorname: Michael, Nachname: Mayer

Screenshot 21 So sollte das fertige Programm auf dem Bildschirm wiedergegeben werden.

Alle Programmcodes aus diesem Buch sind als PDF zum
Download verfügbar. Dadurch müssen Sie sie nicht abtippen:
https://bmu-verlag.de/books/php-mysql/

Außerdem erhalten Sie die eBook Ausgabe zum Buch im
PDF Format kostenlos auf unserer Website:

https://bmu-verlag.de/books/php-mysql/
Downloadcode: siehe Kapitel 18

Kapitel 6
Entscheidungen durch if-Abfragen

Computerprogramme enthalten in der Regel viele Bereiche, die nur unter bestimmten Bedingungen ausgeführt werden sollen. Auch hierfür gibt es zahlreiche Beispiele, die in einem PHP-Programm für einen Onlineshop zum Einsatz kommen können. Wenn hier der Kunde bereits einen Artikel in den Warenkorb gelegt hat, ist es sinnvoll, diesen anzuzeigen. Falls sich hier jedoch noch kein Produkt befindet, ist das hingegen nicht notwendig.

In diesem Fall muss das Programm eine Abfrage durchführen. Nur wenn das Ergebnis dabei einen bestimmten Wert aufweist, führt es die entsprechende Funktion durch. Im Beispiel muss das Programm daher zunächst die Anzahl der Artikel im Warenkorb abfragen. Nur wenn diese größer als Null ist, stellt es den Warenkorb auf dem Bildschirm dar.

Sollte eine derartige Abfrage in gewöhnlicher Sprache formulieren, könnte sie etwa folgendermaßen lauten: "Wenn der Warenkorb mindestens einen Artikel enthält, soll er auf dem Bildschirm angezeigt werden." Dabei kommt in der Regel der Schlüsselbegriff "Wenn" – auf Englisch "if" – zum Einsatz. Fast alle Computerprogramme verwenden dafür ebenfalls diesen Ausdruck. Aus diesem Grund werden sie als if-Abfrage bezeichnet.

6.1 Der Aufbau einer if-Abfrage

Eine if-Abfrage beginnt immer mit dem Schlüsselwort if. Daran erkennt der Interpreter, dass er den kommenden Teil nur ausführen soll, wenn eine bestimmte Bedingung erfüllt ist. Diese Bedingung folgt direkt auf den Schlüsselbegriff. Häufig handelt es sich dabei um einen mathematischen Vergleich. Es ist beispielsweise möglich, die Bedingung vorzugeben, dass eine bestimmte Variable größer oder kleiner sein muss, als ein vorgegebener Wert. Nur wenn dies zutrifft, wird der darauf folgende Teil ausgeführt. Eine andere Möglichkeit stellt es dar, die im vorhergehenden Kapitel vorgestellten booleschen Variablen dafür zu verwenden. In diesem Fall wird der Programmteil, der in der Abfrage steht, nur ausgeführt, wenn die Variable den Wert `true` angenommen hat. Unabhängig davon, welche dieser beiden Möglichkeiten zum Einsatz kommt, ist es notwendig, dass die Bedingung in runden Klammern steht.

Auf die Bedingung folgt nun eine geschweifte Klammer. Daraufhin ist es möglich, beliebig viele Befehle einzufügen. Zum Schluss ist es notwendig, diesen Programmteil mit einer geschweiften Klammer zu schließen. Der gesamte Bereich, der innerhalb der geschweiften Klammern steht, wird nur ausgeführt, wenn die Bedingung erfüllt ist. Sollte dies nicht der Fall sein, fährt das Programm mit dem ersten Befehl fort, der nach der schließenden geschweiften Klammer steht. Das Schema einer `if`-Abfrage sieht demnach folgendermaßen aus:

```
if (Bedingung)
{
In diesem Bereich ist es möglich, beliebige Befehle einzufügen.
}
```

Es ist auch möglich, `if`-Abfragen zu schachteln. In diesem Fall steht in dem Bereich zwischen den geschweiften Klammern eine weitere `if`-Abfrage, die nach dem gleichen Muster aufgebaut ist. Auf diese Weise lassen sich stark verzweigte und sehr detaillierte Strukturen vorgeben. Bei anspruchsvollen Programmen kommt es fast immer vor, dass mehrere dieser Abfragen ineinander verschachtelt sind.

6.2 Verschiedene Vergleichsoperatoren verwenden

Der vorherige Abschnitt hat gezeigt, dass es für jede `if`-Abfrage notwendig ist, eine Bedingung anzugeben. Manchmal kommen zu diesem Zweck boolesche Variablen zum Einsatz. In diesem Fall ist es lediglich notwendig, den Variablennamen in die Klammer einzufügen. Wenn der Wert der Variablen `true` ist, wird der folgende Teil ausgeführt. Ist er hingegen `false`, macht das Programm mit dem nächsten Schritt weiter.

Häufig wird bei der Bedingung jedoch auch ein Vergleich angegeben. Dabei kann es sich um mathematische Vergleiche handeln oder um den Inhalt einer bestimmten Zeichenkette. Wenn überprüft werden soll, ob der Wert einer Variable einem vorgegebenen Wert entspricht, ist es notwendig, ein doppeltes Gleichheitszeichen einzufügen:

```
if ($var == 5)
{
print "Der Wert dieser Variable beträgt 5.";
}
```

Dabei ist es sehr wichtig, den Unterschied zwischen dem doppelten und dem einfachen Gleichheitszeichen zu beachten. Das einfache Gleichheitszeichen kommt für eine Zuweisung zum Einsatz. Das bedeutet, dass das Programm der Variablen einen neuen Wert zuweist. Abfragen dürfen den Wert der Variablen hingegen nicht ändern. Daher kommt hierbei stets das doppelte Gleichheitszeichen zum Einsatz.

Hierbei ist es nicht nur möglich, einen numerischen Wert zu überprüfen. Darüber hinaus lassen sich damit auch Zeichenketten überprüfen:

```
if ($produktname == "Bohrmaschine")
{
print "Bei diesem Produkt handelt es sich um eine Bohrmaschine";
}
```

Bei vielen Variablen ist es nicht von Bedeutung, ob sie genau einem bestimmten Wert entsprechen, sondern ob sie größer oder kleiner als dieser sind. Hierfür kommen Größer- und Kleinerzeichen zum Einsatz (> und <). In einem Onlineshop könnte man beispielsweise folgende Funktion verwenden:

```
if ($bestellwert < 20)
{
print "Sie haben den Mindestbestellwert noch nicht erreicht";
}
```

Darüber hinaus gibt es noch einige weitere Vergleichsoperatoren:

!= Führt die Funktion aus, wenn die Werte ungleich sind.

<= Führt die Funktion aus, wenn der erste Wert kleiner oder gleich wie der zweite Wert ist.

>= Führt die Funktion aus, wenn der erste Wert größer oder gleich wie der zweite Wert ist.

6.3 Logische Operatoren in die Abfrage integrieren

In den meisten Fällen sind die Vergleichsoperatoren, die im vorherigen Abschnitt vorgestellt wurden, ausreichend, um die Bedingung hinreichend zu formulieren. Allerdings treten auch immer wieder Fälle auf, in denen die entsprechenden Vorgaben etwas komplizierter sind. Beispielsweise ist es möglich, dass eine Funktion nur dann ausgeführt werden soll, wenn gleichzeitig zwei verschiedene Bedingungen erfüllt sind. In anderen Fällen ist es ausreichend, wenn eine von mehreren möglichen Bedingungen erfüllt ist. Logische Operatoren dienen dazu, derartige Ausdrücke zu formulieren.

Wenn zwei Bedingungen gleichzeitig erfüllt sein sollen, dann kommt dafür das logische Und zum Einsatz. Hierfür ist es möglich, einfach das englische Wort "and" zu verwenden. Alternativ dazu kann der Programmierer ein doppeltes Ampersand (&&) einfügen:

```
if ($var1 < 5 and $var2 == 7)
{
print "Variable 1 ist kleiner als 5 und Variable 2 beträgt 7.";
}
```

oder

```
if ($var1 < 5 && $var2 == 7)
{
print "Variable 1 ist kleiner als 5 und Variable 2 beträgt 7.";
}
```

Dabei ist es nicht nur möglich, zwei Bedingungen vorzugeben, sondern beliebig viele:

```
if ($var1 < 5 && $var2 == 7 && $var3 >= 6)
{
print "Variable 1 ist kleiner als 5, Variable 2 beträgt 7 und
Variable 3 ist größer oder gleich 6.";
}
```

In anderen Fällen ist es lediglich notwendig, dass eine von zwei Bedingungen erfüllt ist. Hierbei ist es sinnvoll, das logische Oder zu verwenden. Dieses lässt sich mit dem Schlüsselwort "or" oder mit zwei senkrechten Strichen (| |) in das Programm einfügen.

```
<?php

$var1 = 2;
$var2 = 7;

if ($var1 < 5 || $var2 == 7)
{
print "Variable 1 ist kleiner als 5 oder Variable 2 beträgt 7.";
}

?>
```

Variable 1 ist kleiner als 5 oder Variable 2 beträgt 7

Screenshot 22 So stellt der Browser das Programm dar, wenn mindestens eine der beiden Bedingungen zutrifft.

Dem Leser ist vielleicht aufgefallen, dass hier im Gegensatz zu den vorherigen Beispielen ein vollständiges Programm – mit den öffnenden und schließenden Tags und mit der Deklarierung der Variablen – angegeben wurde. Der Grund hierfür besteht darin, dass es an dieser Stelle sinnvoll ist, das Programm einmal in den Texteditor einzufügen und im Browser auszuführen. Im nächsten Schritt ist es möglich, die Werte der Variablen so zu verändern, dass sie die Bedingungen erfüllt sind oder nicht.

Dabei fällt auf, dass der Browser den entsprechenden Text nicht nur anzeigt, wenn genau eine der beiden Bedingungen erfüllt ist, sondern auch, wenn dies auf beide Vorgaben zutrifft. In manchen Programmen ist dies jedoch nicht erwünscht. In diesen Fällen kommt das exklusive Oder zum Einsatz. Dieses wird mit dem Schlüsselbegriff "xor" eingefügt. Wenn das Programm entsprechend abgeändert wird, zeigt der Browser den Text nur noch an, wenn eine der beiden Bedingungen erfüllt ist, die andere hingegen nicht.

Ein weiterer logischer Operator ist das logische Nicht, das durch ein Ausrufezeichen dargestellt wird. Dieses kehrt den Wahrheitswert der Bedingung um. Das bedeutet, dass das Programm die Funktion nur dann ausführt, wenn die entsprechende Bedingung nicht erfüllt ist:

```
if (!($var < 5))
{
print "Die Variable 1 ist nicht kleiner als 5.";
}
```

Hierbei ist es wichtig, den Ausdruck nach dem Ausrufezeichen in Klammern zu setzen. Das ist notwendig, da sich das logische Nicht nicht auf einen einzelnen Wert, sondern auf den gesamten Ausdruck bezieht. Mit Klammern lassen sich ganz unterschiedliche Vergleiche zusammenfassen und durch logische Operatoren mit weiteren Abfragen verbinden. Die Komplexität dieser Ausdrücke ist jedoch sehr hoch, sodass dieses Thema in diesem Lehrbuch für Einsteiger nicht weiter behandelt wird.

6.4   else und elseif

Die einfachen if-Abfragen, die in den vorherigen Abschnitten vorgestellt wurden, hatten eine Gemeinsamkeit: Sie führen eine Aktion
aus, wenn eine bestimmte Bedingung erfüllt ist. Sollte sie jedoch nicht
zutreffen, fährt das Programm einfach mit den Befehlen, die nach der
if-Abfrage stehen, fort.

Es kommt jedoch häufig vor, dass in dem Fall, in dem die Bedingung
nicht erfüllt ist, eine andere Aktion durchgeführt werden soll. Selbstverständlich ist es hierfür möglich, nach dem ersten Block eine weitere if-Abfrage einzufügen und darin die entsprechende Bedingung zu
verneinen:

```
if ($geschlecht == "m" )
{
print "<h1>Hallo Herr ".$nachname."!</h1>\n";
}
if (!($geschlecht == "m" ))
{
print "<h1>Hallo Frau ".$nachname."!</h1>\n ";
}
```

Deutlich einfacher ist es jedoch, den Begriff "else" zu verwenden. Die
Aktion, die danach ausgeführt wird, muss ebenfalls in geschweiften
Klammern stehen. Folgendes Programm hat daher genau die gleiche
Funktion, wie das oben beschriebene Beispiel:

```
if ($geschlecht == "m" )
{
print "<h1>Hallo Herr ".$nachname."!</h1>\n";
}
else
{
print "<h1>Hallo Frau ".$nachname."!</h1>\n ";
}
```

Diese Programme gehen davon aus, das bei der Angabe für das Geschlecht nur zwei unterschiedliche Möglichkeiten bestehen. Das bedeutet, dass es sich, wenn als Geschlecht nicht der Buchstabe m für

männlich eingetragen wurde, automatisch um eine Frau handelt. Diese Annahme ist zwar in der Regel richtig, doch kann es dabei auch hin und wieder zu Fehlern kommen. Es ist beispielsweise möglich, dass ein Nutzer diese Angabe nicht gemacht hat, sodass die Variable leer bleibt. In diesem Fall wäre es nicht empfehlenswert, den Leser automatisch mit "Frau" anzusprechen. Daher ist es sinnvoll, die Abfrage weiter zu differenzieren. Zu diesem Zweck dient eine verzweigte Abfrage:

```
if ($geschlecht == "m" )
{
print "<h1>Hallo Herr ".$nachname."!</h1>\n";
}
else
{
    if ($geschlecht == "w" )
    {
        print "<h1>Hallo Frau ".$nachname."!</h1>\n";
    }
    else
    {
        print "<h1>Hallo!</h1>\n";
    }
}
```

Dieses Programm stellt sicher, dass die Anrede mit "Frau" nur dann zum Einsatz kommt, wenn als Geschlecht weiblich angegeben wurde. Sollte keine Angabe oder ein ganz anderer Wert vorhanden sein, entscheidet sich das Programm für eine neutrale Anrede mit "Hallo". Diese Art von Verzweigung ist jedoch relativ kompliziert und soll nur als Erklärung dienen. In der Praxis ist es üblich, anstatt dessen den Befehl "elseif" zu verwenden. Das folgende Programm hat genau die gleiche Funktionsweise, ist jedoch etwas einfacher aufgebaut.

```
if ($geschlecht == "m" )
{
print "<h1>Hallo Herr ".$nachname."!</h1>\n";
}
elseif ($geschlecht == "w" )
{
```

```
print "<h1>Hallo Frau ".$nachname."!</h1>\n ";
}
else
{
print "<h1>Hallo!</h1>\n";
}
```

6.5   Übung: Abfragen selbst erstellen

1. Erstellen Sie ein Programm, das ermittelt, ob die Warenbestände für ein bestimmtes Produkt auf 0 gefallen sind und gegebenenfalls eine Meldung ausgibt, dass der Artikel nicht mehr verfügbar ist.

2. Erstellen Sie zunächst ein Array, in dem sich ein Produkt mit dem zugehörigen Preis und der Anzahl der verfügbaren Artikeln befindet.

Schreiben Sie nun ein Programm, das:

▶ den Käufer darüber informiert, dass der Artikel nicht verfügbar ist, wenn der Warenbestand auf 0 steht.

▶ ausgibt, dass das Produkt versandkostenfrei geliefert wird, wenn mindestens ein Artikel vorrätig ist und wenn der Preis bei mindestens 20 Euro liegt.

▶ anzeigt, dass für die Lieferung 5 Euro Versandkosten anfallen, wenn der Artikel verfügbar ist, der Preis jedoch unter 20 Euro liegt.

Lösungen:

1.

```php
<?php

$bestand = 4;

if ($bestand == 0)
{
print "Der gewünschte Artikel ist leider nicht mehr verfügbar.";
}

?>
```

Für dieses Programm ist es notwendig, eine Variable für den Warenbestand einzuführen. Danach überprüft die if-Abfrage, ob dieser auf 0 gesunken ist und gibt gegebenenfalls den entsprechenden Hinweis aus. Indem Sie die Werte der Variablen $bestand verändern (und dabei auch auf 0 setzen), überprüfen Sie die Funktionsweise des Programms.

2.

```php
<?php

$produkt = array('Produktname' => "Bohrmaschine", 'Preis' => 15,
'Anzahl' => 3);

if ($produkt['Anzahl'] == 0)
{
print "Das Produkt ".$produkt['Produktname']." ist leider nicht mehr
verfügbar.";
}
elseif ($produkt['Preis'] >= 20)
{
print "Das Produkt ".$produkt['Produktname']." ist verfügbar und wird
versandkostenfrei geliefert.";
}

else
{
print "Das Produkt ".$produkt['Produktname']." ist verfügbar. Für die
Lieferung fallen 5 Euro Versandkosten an.";
}
?>
```

Hierbei handelt es sich lediglich um einen Lösungsvorschlag. Darüber hinaus gibt es noch viele weitere richtige Lösungen. Wenn Sie eine andere Methode gewählt haben, sollten Sie die entsprechenden Werte im Array verändern und auf diese Weise ausprobieren, ob Ihr Programm bei allen Kombinationen die richtige Information ausgibt.

Alle Programmcodes aus diesem Buch sind als PDF zum
Download verfügbar. Dadurch müssen Sie sie nicht abtippen:
https://bmu-verlag.de/books/php-mysql/

Außerdem erhalten Sie die eBook Ausgabe zum Buch im
PDF Format kostenlos auf unserer Website:

https://bmu-verlag.de/books/php-mysql/
Downloadcode: siehe Kapitel 18

Kapitel 7
Die Funktionalität eines Programms durch Schleifen erweitern

Eine identische Tätigkeit immer wieder zu wiederholen, stellt für die meisten Menschen eine große Qual dar. Die monotone Beschäftigung führt zu Langeweile und hemmt die Leistungsfähigkeit. Genau diese Aufgabe stellt jedoch die große Stärke eines Computerprogramms dar. Dieses wiederholt eine einfache Funktion häufig viele Hundert oder gar Tausend Male – in Sekundenschnelle und ganz ohne Fehler.

Nun könnte man davon ausgehen, dass diese monotone Tätigkeit auf den Programmierer zurückfällt, da er die gleichen Funktionen unzählige Male in sein Programm einfügen muss. Doch gibt es einen einfachen Trick, um das zu vermeiden: die Verwendung von Schleifen. Dabei ist es lediglich notwendig, anzugeben, unter welcher Bedingung das Programm die Schleife ausführen soll. Anschließend ist es nur ein einziges Mal notwendig, die entsprechenden Befehle einzugeben. Das Programm führt diese dann so lange aus, bis die Bedingung nicht mehr erfüllt ist – unabhängig davon, ob dafür zehn oder eine Million Durchläufe erforderlich sind.

Dieses Kapitel stellt die Verwendung von Schleifen vor. Diese spielen in fast allen Computerprogrammen eine sehr wichtige Rolle – unabhängig davon, ob es sich um ein PHP-Programm für die Gestaltung von Webseiten oder um eine andere Software in einer anderen Programmiersprache handelt. Schleifen haben daher für alle Programmierer eine enorme Bedeutung und zählen zum unverzichtbaren Handwerkszeug.

7.1 Kopfgesteuerte Schleifen: while und for

Um die Funktion einer Schleife zu erklären, soll ein ganz einfaches – wenn auch nicht unbedingt sinnvolles – Beispiel dienen. Hierbei soll das Programm lediglich zehn Mal hintereinander das Wort Hallo auf dem Bildschirm ausgeben. Eine derartige Aufgabe kommt bei der praktischen Arbeit sicherlich nur sehr selten vor, sie verdeutlicht jedoch anschaulich, wie eine Schleife funktioniert.

Hierbei ist es zunächst notwendig, eine Laufbedingung vorzugeben. Diese wird mit dem Schlüsselbegriff `while` eingeführt. Sie steht vor dem eigentlichen Inhalt der Schleife. Aus diesem Grund werden diese als kopfgesteuert bezeichnet. Für die Bedingungen kommen die gleichen Operatoren wie bei den `if`-Abfragen zum Einsatz. Wenn die Schleife wie in diesem Beispiel mit einer fest vorgegebenen Anzahl durchlaufen werden soll, kommt in der Bedingung eine Index-Variable zum Einsatz. In der Informatik ist es üblich, diese als `$i` zu bezeichnen und zu Beginn der Schleife den Wert auf 0 zu setzen:

```
$i = 0;

while ($i < 10)
```

Die Laufbedingung gibt an, dass die Schleife so lange ausgeführt werden soll, wie der Wert der Index-Variablen kleiner als 10 ist. Damit die Schleife zum gewünschten Zeitpunkt beendet wird, ist es daher notwendig, den Wert dieser Index-Variablen in jedem Durchgang zu erhöhen. Dies geschieht im Schleifenkörper. Dieser schließt sich an die Laufbedingung in geschweiften Klammern an. Außerdem steht im Schleifenkörper die Funktion, die bei jedem Durchgang ausgeführt werden soll.

```
<?php
$i = 0;

while ($i < 10)
{
print "<p>Hallo</p>\n";
$i++;
}

?>
```

73

Screenshot 23 Die Ausgabe der Schleife im Browser

Dieses Programm zeigt bereits, dass es durch Schleifen möglich ist, mit wenigen Befehlen eine große Zahl an Funktionen durchzuführen. Dabei ist es auch möglich, bei jedem einzelnen Durchgang auf die Indexvariable Bezug zu nehmen. Auf diese Weise lassen sich beispielsweise die Quadratzahlen ganz einfach anzeigen:

```php
<?php
$i = 0;
while ($i < 10)
{
$i++;
print $i*$i."<br>\n";
}

?>
```

Dieses Programm multipliziert in jedem Durchgang die Indexvariable mit sich selbst und erzeugt auf diese Weise das Quadrat dieser Zahl. Da diese Reihe sinnvollerweise mit der Zahl 1 beginnt, muss die Erhöhung der Indexzahl vor dem Befehl für die Ausgabe erfolgen. Alternativ dazu wäre es möglich, wie im vorherigen Programm den print-Befehl voranzustellen, jedoch bei der Berechnung jeweils den Wert 1 zu addieren:

```
print ($i+1)*($i+1)."<br>\n";
```

Die Funktionsweise bleibt bei beiden Möglichkeiten die gleiche und erzeugt folgende Ausgabe auf dem Bildschirm:

Screenshot 24 Die Ausgabe der Quadratzahlen durch die Schleife

Häufig kommt es vor, dass der Schleifenkörper nur unter einer bestimmten Bedingung ausgeführt werden soll. In diesen Fällen ist es notwendig, if-Abfragen in den Schleifenkörper zu integrieren. Zur Erklärung soll das folgende Beispiel dienen. Dabei ist ein zusammengesetzter Array vorhanden, der für drei unterschiedliche Produkte den Produktnamen, den Preis und die Anzahl der verfügbaren Einheiten enthält. Die Schleife soll daraufhin alle Produkte mit dem zugehörigen Preis auflisten – aber nur, wenn mindestens ein Artikel vorrätig ist. In diesem Fall ist es möglich, auf die einzelnen Felder des Arrays mit einer Variablen zuzugreifen. Dafür bietet sich die Index-Variable an.

```php
<?php

$sortiment = array();

$produkt[0]['Produktname'] = "Bohrmaschine";
$produkt[0]['Preis'] = 45;
$produkt[0]['Anzahl'] = 6;
$produkt[1]['Produktname'] = "Kreissäge";
$produkt[1]['Preis'] = 79;
$produkt[1]['Anzahl'] = 0;

$produkt[2]['Produktname'] = "Bandschleifer";
$produkt[2]['Preis'] = 89;
$produkt[2]['Anzahl'] = 11;

$i = 0;

while ($i < 3)
{
        if ($produkt[$i]['Anzahl'] > 0)
        {
                print "<p>Produkt: " .$produkt[$i]['Produktname'].
                " Preis: ".$produkt[$i]['Preis']." Euro</p>\n";
        }
        $i++;
}

?>
```

Produkt: Bohrmaschine Preis: 45 Euro

Produkt: Bandschleifer Preis: 89 Euro

Screenshot 25 Die Auflistung der verfügbaren Produkte

Für eine while-Schleife sind mehrere Programmzeilen nötig. Zunächst ist es erforderlich, die Index-Variable einzuführen und mit einem Wert zu füllen. Danach muss der Programmierer die Bedingung angeben. Schließlich ist es im Schleifenkörper notwendig, den Wert der Index-Variablen zu erhöhen. Um den Aufwand zu reduzieren, ist es sinnvoll, anstatt dessen eine `for`-Schleife zu verwenden.

Hierbei werden all diese Befehle in einer Zeile zusammengefasst. Diese Alternative ist immer dann sinnvoll, wenn die Schleife eine fest vorgegebene Anzahl an Durchläufen absolvieren soll oder wenn darin ein bestimmter Wert abgezählt werden soll. Die `for`-Schleife wird durch den Begriff `for` eingeführt. Daran schließt sich eine Klammer an, in der zunächst der Wert der Variablen eingeführt wird. Danach folgt die Bedingung und schließlich die Angabe, auf welche Weise die Indexvariable in jedem Durchgang verändert werden soll. Die einzelnen Teile werden mit einem Semikolon voneinander abgetrennt. Als Beispiel soll das erste Programm in diesem Abschnitt dienen. Dieses kann ohne eine Änderung der Funktionsweise mithilfe der `for`-Schleife folgendermaßen dargestellt werden:

```php
<?php

for ($i = 0; $i < 10; $i++)
{
print "<p>Hallo</p>\n";
}

?>
```

7.2 Fußgesteuerte Schleife: do while

Sowohl bei der `while`- als auch bei der `for`-Schleife steht die Bedingung vor dem Schleifenkörper. Darüber hinaus gibt es noch eine weitere Möglichkeit, bei der die Reihenfolge umgekehrt ist. Diese wird durch den Schlüsselbegriff `do` eingeführt. Anschließend folgt der Schleifenkörper in geschweiften Klammern. Danach müssen der Ausdruck `while` und die Bedingung stehen. Im Gegensatz zu den vorherigen Schleifen ist es in diesem Fall notwendig, zum Abschluss ein Semikolon zu setzen. Das erste Beispiel aus dem vorherigen Kapitel sieht mit einer `do-while`-Schleife folgendermaßen aus:

```php
<?php

$i = 0;

do
{
print "<p>Hallo</p>\n";
$i++;
}
while ($i < 10);

?>
```

In diesem Beispiel ist die Funktionsweise genau die gleiche wie bei der while- oder der for-Schleife. Das trifft auch auf alle anderen Programme zu, in denen die Schleife mit einer fest vorgegebenen Anzahl an Durchläufen ausgeführt werden soll. Welche Methode zum Einsatz kommt, hängt dabei ausschließlich von den Präferenzen des Programmierers ab. Allerdings gibt es einen wichtigen Unterschied, der in manchen Programmen die Funktionsweise beeinflussen kann: Bei der for- und bei der while-Schleife wird die Bedingung zu Beginn überprüft. Der Schleifenkörper wird nur dann ausgeführt, wenn die Bedingung erfüllt ist. Bei der do-while-Schleife werden die Befehle im Schleifenkörper hingegen auf jeden Fall mindestens ein Mal ausgeführt. Erst danach erfolgt die Überprüfung der Bedingung. Sollte sie erfüllt sein, folgt ein weiterer Durchlauf. Ist sie nicht erfüllt, wird die Schleife abgebrochen.

Diesen Unterschied sollen die beiden folgenden Programmbeispiele verdeutlichen:

```php
<?php

$anzahl = 50;
$bedingung = true;

while ($bedingung)
{
print "<p>Aktuelle Anzahl: ".$anzahl."</p>\n ";
$anzahl--;
$bedingung = ($anzahl > 20);
}

?>
```

und

```php
<?php

$anzahl = 50;
$bedingung = true;

do
{
print "<p>Aktuelle Anzahl " .$anzahl."</p>\n ";
$anzahl--;
$bedingung = ($anzahl > 20);
}
while ($bedingung);

?>
```

Diese Programme geben die Anzahl eines bestimmten Artikels aus. Bei jedem Durchlauf – beispielsweise beim Verkauf einer Einheit – reduziert sich die Anzahl. Wenn die Warenbestände auf 20 sinken, hält das Programm die Schleife an, da die aktuellen Bestände zu niedrig sind. Die Funktionsweise der beiden Alternativen ist hierbei genau die gleiche.

Der Unterschied wird jedoch deutlich, wenn bei der Einführung der Variable $bedingung der Wert auf false gesetzt wird. In diesem Fall wird die while-Schleife nicht ausgeführt, da die Bedingung zu Beginn nicht erfüllt wird. Die do-while-Schleife führt den Schleifenkörper dennoch aus. Dabei wird die Bedingung auf true gesetzt, sodass die Schleife genau wie zuvor so oft durchlaufen wird, bis die Anzahl den Wert 20 angenommen hat.

7.3 foreach-Schleifen für die Arbeit mit Arrays

Wie im vorletzten Programm-Beispiel im Kapitel 7.1 gezeigt, dienen Schleifen häufig dazu, um auf die verschiedenen Inhalte eines Arrays zuzugreifen. Unter der Verwendung der Indexzahl ist es ganz einfach, die einzelnen Felder anzusteuern. Das Beispielprogramm funktionierte zwar reibungslos, doch weist es dennoch ein Problem auf. In vielen Onlineshops kommt es häufig vor, dass das Sortiment

erweitert oder reduziert wird. In diesem Programm wurde die Anzahl der Durchläufe jedoch von Anfang an auf 3 eingestellt. Wenn
sich nun die Anzahl der Artikel ändert, funktioniert das Programm
nicht mehr. In diesem Fall wäre es notwendig, jedes Mal, wenn sich
der Umfang des Warensortiments ändert, eine manuelle Anpassung
vorzunehmen.

Auch bei assoziativen Arrays, die anstatt mit Index-Zahlen mit Begriffen für die Zuordnung arbeiten, ist der Zugriff auf diese Weise nicht
möglich.

Um diese Probleme zu vermeiden, ist es sinnvoll, eine foreach-Schleife zu verwenden. Diese ist speziell auf den Umgang mit Arrays ausgelegt. Sie passt die Anzahl der Durchläufe automatisch an die vor-
handene Zahl der Einträge an. Bevor das angesprochene Beispiel
aus dem Abschnitt 7.1 mit einer foreach-Schleife ausgeführt
wird, soll ein etwas einfacheres Programm deren Funktionsweise
verdeutlichen:

```php
<?php

$produkt = array(1, "Bohrmaschine", 45, "Kraftvolle Bohrmaschine für
Bohr- und Schraubarbeiten", 23);

foreach ($produkt as $inhalt)
{
    print $inhalt."<br>\n";
}

?>
```

Dieses Programm bestimmt zunächst einen Array mit verschiedenen
Angaben zu einem Produkt. Zu Beginn der Schleife muss der Schlüssel-
begriff foreach stehen. Danach folgen eine runde Klammer und der
Name des Arrays. Anschließend steht ein weiterer Schlüsselbegriff: as.
Danach ist es notwendig, eine neue Variable zu nennen. Diese dient
als Kopie der Inhalte des Arrays innerhalb der Schleife. Wenn nun im
Schleifenkörper die eben eingeführte Variable verwendet wird, gibt
sie in jedem Durchlauf ein Feld des Arrays wieder – so lange, bis alle

Einträge aufgeführt wurden. Im Browser entsteht dadurch folgende Ausgabe:

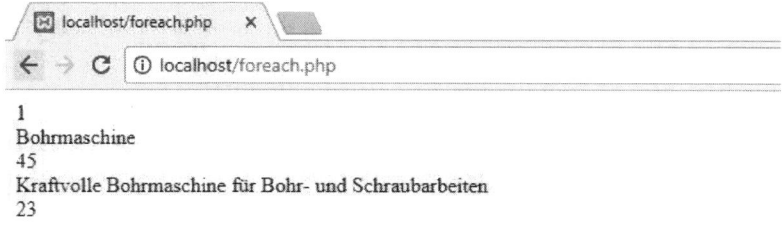

Screenshot 26   Die Ausgabe des Arrays mit einer foreach-Schleife

Mit diesen Kenntnissen ist es nun möglich, das Programm aus dem Abschnitt 7.1 umzuformen. Leser, die die Funktionsweise der foreach-Schleife bereits verstanden haben, dürfen zunächst auch gerne selbst versuchen, diese Umwandlung vorzunehmen.

```php
<?php

$sortiment = array();

$produkt[0]['Produktname'] = "Bohrmaschine";
$produkt[0]['Preis'] = 45;
$produkt[0]['Anzahl'] = 6;

$produkt[1]['Produktname'] = "Kreissäge";
$produkt[1]['Preis'] = 79;
$produkt[1]['Anzahl'] = 0;

$produkt[2]['Produktname'] = "Bandschleifer";
$produkt[2]['Preis'] = 89;
$produkt[2]['Anzahl'] = 11;


foreach ($produkt as $inhalt)
{
```

```
if ($inhalt['Anzahl'] > 0)
{
    print "<p>Produkt: ".$inhalt['Produktname'].
    " Preis: ".$inhalt['Preis'].  "Euro</p>\n";
}
}

?>
```

Für die Umwandlung ist es zunächst notwendig, die Einführung und die Erhöhung der Index-Variablen zu entfernen, da diese bei der Verwendung einer foreach-Schleife nicht mehr notwendig sind. Anschließend muss die foreach-Schleife eingeführt werden. Innerhalb der Klammer stehen der Name des Arrays und nach dem Begriff as die Variable, die die Inhalte in der Schleife wiedergeben soll. Danach ist es nur noch erforderlich, den print-Befehl anzupassen. Auf diese Weise ist es möglich, das Array um ein weiteres Produkt zu erweitern. Dieses wird nun automatisch bei der Wiedergabe berücksichtigt.

Eine foreach-Schleife erlaubt es auch, ein zusammengesetztes Array auszugeben. Im Gegensatz zum vorherigen Beispiel ist es dabei nicht notwendig, die einzelnen Felder der zweiten Ebene einzeln anzusprechen. Das folgende Programm listet die Inhalte des gesamten Arrays auf:

```
<?php

$sortiment = array();
$produkt[0]['Produktname'] = "Bohrmaschine";
$produkt[0]['Preis'] = 45;
$produkt[0]['Anzahl'] = 6;
$produkt[1]['Produktname'] = "Kreissäge";
$produkt[1]['Preis'] = 79;
$produkt[1]['Anzahl'] = 0;

$produkt[2]['Produktname'] = "Bandschleifer";
$produkt[2]['Preis'] = 89;
$produkt[2]['Anzahl'] = 15;

foreach ($produkt as $ebene1)
{
```

```
foreach ($ebene1 as $ebene2)
{
      print $ebene2."<br>\n";
}
print "<br>";
}
?>
```

Hierfür ist eine verschachtelte `foreach`-Schleife notwendig. Die äußere Schleife bezieht sich dabei auf die erste Ebene. Die Einträge der zweiten Ebene sind wie ein weiterer Array für jedes einzelne Feld der ersten Ebene zu verstehen. Daher ist dafür eine weitere `foreach`-Schleife notwendig. Dafür werden die einzelnen Einträge dieser kleinen Arrays nach dem gleichen Schema in der Variablen `$ebene2` wiedergegeben. Der zusätzliche `print`-Befehl mit dem HTML-Tag `<br>` sorgt für einen zusätzlichen Zeilenumbruch, nachdem alle Angaben zu einem bestimmten Artikel ausgegeben wurden. So entstehen bei der Ausgabe auf dem Bildschirm zusammengehörige Gruppen:

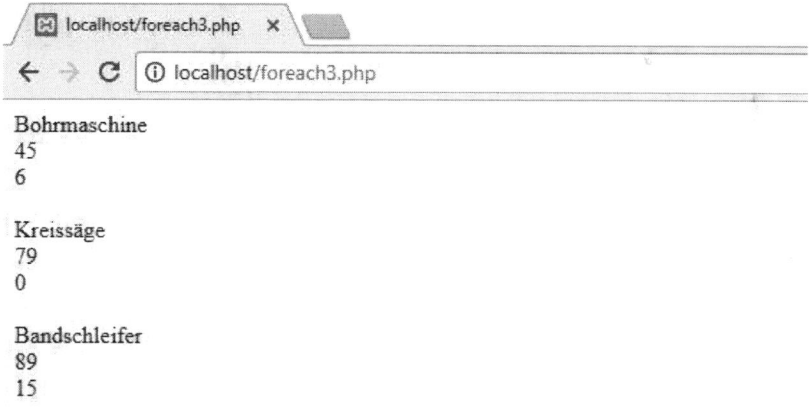

Screenshot 27 So sieht die Ausgabe des kompletten Arrays auf dem Bildschirm aus.

7.4   Übung: Programme mit Schleifen gestalten

1. Erstellen Sie drei Programme, die von 1 bis 10 zählen, verwenden Sie hierfür jeweils einmal eine `while`-, eine `for`- und eine `do-while`-Schleife.

2. Erstellen Sie ein zusammengesetztes Array für das Sortiment eines Obst- und Gemüsehändlers mit Äpfeln, Birnen, Tomaten und Zucchini. Die erste Ebene soll einen numerischen Index haben. Die zweite soll hingegen assoziativ sein (mit den Bezeichnungen Produkt, Preis und Sonderangebot). Bei der Angabe zum Produkt handelt es sich um eine Zeichenkette mit der entsprechenden Obst- oder Gemüsesorte, beim Preis um eine Zahl und die Angabe Sonderangebot soll eine boolesche Variable sein.

    Erstellen Sie eine `foreach`-Schleife, die den Produktnamen und den Preis angibt. Sollte es sich dabei um ein Sonderangebot handeln, soll vor diesen Angaben "Achtung Sonderangebot!" erscheinen.

3. Wenn Sie eine `foreach`-Schleife erstellen, können Sie bei assoziativen Arrays auch auf den Namen des entsprechenden Feldes zugreifen. Dazu müssen Sie in der runden Klammer nach dem Schlüsselbegriff `as` eine weitere Variable einführen, die diesen Wert aufnimmt. Darauf folgt das Symbol "=>" und anschließend die Variable, die die Inhalte des Arrays innerhalb der Schleife wiedergibt:

    ```
    ($ebene1 as $feldname => $ebene2)
    ```

    Ändern Sie das letzte Programm aus dem Kapitel 7.3 so ab, dass es der Ausgabe der Inhalte den entsprechenden Feldnamen voranstellt.

Lösungen:

1.

```php
<?php
$i = 0;
while ($i < 10)
{
    $i++;
    print $i."<br>\n";
}
?>

<?php
for ($i=0;$i < 10;$i++)
{
    print ($i+1)."<br>\n";
}
?>

<?php
$i=0;
do
{
    print ($i+1)."<br>\n";
    $i++;

}
while ($i < 10);
?>
```

2.

```php
<?php

$sortiment = array();

$sortiment[0]['Produkt'] = "Apfel";
$sortiment[0]['Preis'] = 1.99;
$sortiment[0]['Sonderangebot'] = false;

$sortiment[1]['Produkt'] = "Birne";
$sortiment[1]['Preis'] = 0.99;
$sortiment[1]['Sonderangebot'] = true;
```

```php
$sortiment[2]['Produkt'] = "Tomate";
$sortiment[2]['Preis'] = 2 49;
$sortiment[2]['Sonderangebot'] = false;

$sortiment[3]['Produkt'] = "Zucchini";
$sortiment[3]['Preis'] = 1.49;
$sortiment[3]['Sonderangebot'] = false;


foreach ($sortiment as $inhalt)
{
    if ($inhalt['Sonderangebot'])
    {
        print "Achtung Sonderangebot!<br>\n";
    }

    print $inhalt['Produkt'].<  br>\n";
    print $inhalt['Preis']."<br><br>\n";
}

?>
```

Apfel
1.99

Achtung Sonderangebot!
Birne
0.99

Tomate
2.49

Zucchini
1.49

Screenshot 28 So sollte die Ausgabe auf dem Browser aussehen.

3.

```php
<?php

$sortiment = array();

$produkt[0]['Produktname'] = "Bohrmaschine";
$produkt[0]['Preis'] = 45;
$produkt[0]['Anzahl'] = 6;

$produkt[1]['Produktname'] = "Kreissäge";
$produkt[1]['Preis'] = 79;
$produkt[1]['Anzahl'] = 0;

$produkt[2]['Produktname'] = "Bandschleifer";
$produkt[2]['Preis'] = 89;
$produkt[2]['Anzahl'] = 15;

foreach ($produkt as $ebene1)
{
    foreach ($ebene1 as $feldname => $ebene2)
    {
        print $feldname.": ".$ebene2."<br>\n";
    }
    print "<br>";
}

?>
```

Produktname: Bohrmaschine
Preis: 45
Anzahl: 6

Produktname: Kreissäge
Preis: 79
Anzahl: 0

Produktname: Bandschleifer
Preis: 89
Anzahl: 15

Screenshot 29 Die Ausgabe mit dem vorangestellten Name des Feldes

Alle Programmcodes aus diesem Buch sind als PDF zum
Download verfügbar. Dadurch müssen Sie sie nicht abtippen:
https://bmu-verlag.de/books/php-mysql/

Außerdem erhalten Sie die eBook Ausgabe zum Buch im
PDF Format kostenlos auf unserer Website:

https://bmu-verlag.de/books/php-mysql/
Downloadcode: siehe Kapitel 18

Kapitel 8
Funktionen in PHP

Ein Computerprogramm enthält häufig viele Hundert Zeilen Programmcode. Dabei fällt es oftmals schwer, den Überblick zu behalten. Aus diesem Grund ist es sinnvoll, dem Ganzen eine Struktur zu geben. Dazu dienen Funktionen. Diese erlauben es, einen bestimmten Teil des Programms auszulagern. Das Hauptprogramm kann auf diese Funktionen ganz einfach zugreifen, indem es ihren Namen aufruft. Dabei kommt es sogar manchmal vor, dass das eigentliche Hauptprogramm nur aus wenigen Linien besteht. Diese rufen Funktionen auf, die die grundlegend Bestandteile des Programms beinhalten. Jeder einzelne davon verwendet wiederum viele weitere Funktionen, die der Software eine klare Struktur verleihen.

Funktionen bieten nicht nur den Vorteil, dass sie ein Programm übersichtlicher gestalten. Darüber hinaus können sie dem Programmierer viel Arbeit ersparen. In vielen Fällen kommt es vor, dass eine bestimmte Abfolge von Befehlen sehr häufig in einem Programm vorkommt. Diese jedes Mal aufs Neue zu programmieren, würde viel Arbeit mit sich bringen. Außerdem erhöht sich dadurch das Risiko für Fehler. Wenn die entsprechenden Befehle jedoch in eine Funktion ausgelagert werden, ist es möglich, sie einfach durch den Funktionsnamen abzurufen. Das reduziert die Arbeit deutlich.

Funktionen sind daher für komplexe Programme von sehr großer Bedeutung. PHP bietet wie fast alle Programmiersprachen die Möglichkeit, Funktionen zu erstellen und sie in ein Programm einzubinden.

8.1 Der Aufbau einer Funktion in PHP

Um eine Funktion zu erstellen, ist es zunächst notwendig, sie im Programm als solche zu kennzeichnen. Hierfür dient der Schlüsselbegriff function. Darauf folgt der Name der Funktion. Im Prinzip kann der Programmierer den Namen dabei frei wählen. Doch ist es sinnvoll, selbsterklärende Namen zu verwenden. Wenn der Programmierer bei einer späteren Korrektur nicht mehr auswendig weiß, welche Funktion welche Aufgabe erfüllt, gibt der Name eine wertvolle Hilfestellung. Danach folgt eine runde Klammer, die sich öffnen und schließen muss. Die Befehle, die die Funktion ausführen soll, folgen daraufhin in geschweiften Klammern. Eine einfache Funktion könnte demnach folgendermaßen aussehen:

```
function begruessung ()
{
print "Guten Morgen!";
}
```

Um diese Funktion abzurufen, ist es lediglich notwendig, den Funktionsnamen – gefolgt von der runden Klammer und von einem Semikolon – in das Programm einzufügen. Daraus ergibt sich folgender Code:

```
<?php
function begruessung ()
{
print "Guten Morgen!";
}

begruessung ();

?>
```

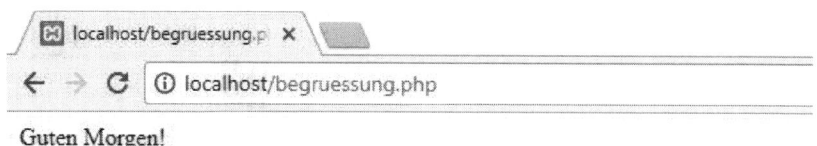

Screenshot 30 So wird die Funktion begruessung auf dem Bildschirm ausgegeben

Bei dieser Funktion ist die Verwendung der runden Klammern nach dem Funktionsnamen auffällig. Diese scheinen auf den ersten Blick vollkommen nutzlos zu sein. Sie stellen jedoch einen wichtigen Bestandteil der Funktions-Syntax dar und müssen auf jeden Fall verwendet werden. In diesem einfachen Beispiel sind die Klammern zwar leer und wirken sich nicht auf das Ergebnis aus. Bei vielen Funktionen werden sie jedoch mit einem Inhalt gefüllt. Der Inhalt der Klammern dient dazu, Variablen an die Funktion zu übergeben. Lediglich wenn keine Übergabe von Werten aus dem Hauptprogramm notwendig ist, bleiben sie leer. In allen anderen Fällen muss hier ein Variablennamen stehen. Dieser nimmt den Wert an, den das Hauptprogramm übergibt. Dabei ist es wichtig, diese Variable nur innerhalb der Funktion zu verwenden. In diesem Beispiel wäre es möglich, den Inhalt der Ausgabe durch eine Variable zu steuern. Das würde es in einem späteren Schritt beispielsweise möglich machen, die Begrüßung an die Tageszeit anzupassen und den Leser je nach Uhrzeit mit "Guten Morgen", "Guten Tag" oder "Guten Abend" anzusprechen. Wenn eine Variable zum Einsatz kommen soll, ist es auch notwendig, deren Inhalt beim Aufruf der Funktion in den Klammern anzugeben:

```php
<?php

function begruessung ($text )
{
print $text;
}

begruessung ("Guten Morgen!");

?>
```

In diesem Beispiel wurde der Wert der Variablen beim Aufrufen der Funktion direkt in die Klammer eingefügt. Üblich ist es jedoch, hierfür eine Variable zu verwenden. Das macht es möglich, den Inhalt anzupassen.

Dabei kann der Programmierer nicht nur eine einzige Variable übermitteln, sondern beliebig viele. In diesem Fall ist es notwendig, die einzelnen Werte durch ein Komma zu trennen – sowohl bei der Definition der Funktion als auch beim Aufrufen.

```php
<?php
function begruessung ($text , $ansprache)
{
print $text." ".$ansprache."!";
}

$gruss = "Guten Morgen";
$leser = "Herr Müller";

begruessung ($gruss, $leser);
?>
```

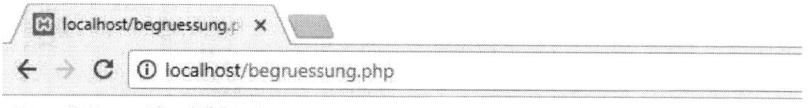

Guten Morgen Herr Müller!

Screenshot 31 Die Ausgabe der Funktion mit zwei Variablen

8.2 Rückgabewerte der Funktionen

In den bisherigen Beispielen dienten die Funktionen dazu, eine bestimmte Aktion durchzuführen. Nachdem sie ausgeführt wurden, war ihre Aufgabe beendet und das Programm nahm keinen weiteren Bezug auf sie. Es gibt jedoch auch viele Anwendungen, bei denen die Funktion einen bestimmten Wert berechnen und diesen an das Hauptprogramm zurückgeben soll. Dieses kann ihn dann speichern und für weitere Aufgaben nutzen. Zu diesem Zweck kommen Rückgabewerte zum Einsatz.

Der Rückgabewert wird durch den Befehl `return` bestimmt. Dieser muss in den Körper der Funktion eingebunden werden. Es ist möglich, nach diesem Schlüsselbegriff einfach eine Variable anzugeben, die den Rückgabewert beinhaltet:

```
function verdopplung ($wert)
{

    $wert = $wert*2;
    return $wert;

}
```

Alternativ dazu kann der Programmierer die mathematische Operation direkt hinter dem `return`-Befehl einfügen. In diesem Fall muss sie
in runden Klammern stehen:

```
function verdopplung ($wert)
{
     return ($wert*2);
}
```

Für den Rückgabewert können unterschiedliche Variablentypen zum
Einsatz kommen. Es ist auf diese Weise daher nicht nur möglich, Zahlen
an das Hauptprogramm zu übermitteln, sondern auch Zeichenketten
und Wahrheitswerte.

Um den Rückgabewert im Hauptprogramm aufzunehmen, ist es möglich, einer Variablen den Wert der entsprechenden Funktion zuzuweisen. Das geschieht genau wie bei der Zuweisung gewöhnlicher Werte
durch ein Gleichheitszeichen.

```
<?php
function verdopplung ($wert)
{
     return ($wert*2);
}
$ergebnis = verdopplung(5)
print $ergebnis;
?>
```

Eine weitere Alternative besteht darin, den Rückgabewert direkt in die
`print`-Funktion – oder auch in viele andere PHP-Befehle – zu integrieren:

```
<?php
function verdopplung ($wert)
{
     return ($wert*2);
}
print verdopplung(5);
?>
```

Dabei ist es wichtig, zu beachten, dass jede Funktion maximal einen Wert zurückgeben kann. Allerdings kann es sich dabei auch um ein Array handeln. Wenn es erwünscht ist, dass die Funktion mehrere Werte zurückgibt, ist es erforderlich, diese in ein Array zu verpacken. Anschließend ist es möglich, dieses wieder aufzulösen und in einzelnen Variablen wiederzugeben.

```php
<?php
function verdopplung_quadrat ($wert)
{
    $doppelt = $wert*2;
    $quadrat = $wert*$wert;
    $ergebnis = array ('Verdopplung' => $doppelt, 'Quadrat' =>
    $quadrat);

    return $ergebnis;
}

$rueckgabewert = verdopplung_quadrat (3);
$verdoppelter_wert = $rueckgabewert['Verdopplung'];
$wert_zum_quadrat = $rueckgabewert['Quadrat'];

print "Der doppelte Wert dieser Zahl beträgt " .$verdoppelter_
wert.".<br>\n";
print "Das Quadrat dieser Zahl beträgt " .$wert_zum_
quadrat.".<br>\n";
?>
```

Der doppelte Wert dieser Zahl beträgt 6.
Das Quadrat dieser Zahl beträgt 9.

Screenshot 32 Die Ausgabe der beiden Rückgabewerte

8.3   Eine Funktion in das PHP-Programm einbinden

Um eine Funktion in einem PHP-Programm zu verwenden, ist es erforderlich, sie in das Hauptprogramm einzubinden. Hierfür gibt es verschiedene Möglichkeiten. Eine Alternative wurde bereits in den vorherigen Abschnitten verwendet. Hierbei wurde die Funktion dem eigentlichen Programm vorangestellt. Der Abruf erfolgte ganz einfach über den Funktionsnamen. Diese Vorgehensweise ist zwar sehr einfach, sie führt jedoch dazu, dass einer der wesentlichen Vorteile der Verwendung von Funktionen verloren geht: die übersichtliche Gestaltung des Programms. Wenn bei einer umfangreichen Software mehr als hundert Funktionen zum Einsatz kommen, führt das zu einem sehr langen Programmcode, bei dem es schwierig ist, die einzelnen Elemente zu erkennen.

Aus diesem Grund kommt diese Methode nur bei sehr einfachen Programmen zum Einsatz. Bei umfangreicheren Anwendungen ist es üblich, die Funktionen in eigene Dateien auszulagern. Das bedeutet, dass hierfür eine neue Datei erstellt werden muss. Um darauf zuzugreifen, ist es notwendig, die entsprechenden Dateien vor dem Aufruf der Funktion in das Hauptprogramm einzubinden.

Wie das funktioniert, soll an der Funktion `verdopplung` beschrieben werden, die im vorherigen Abschnitt erstellt wurde. Um diese auszulagern, ist es erforderlich, zunächst eine neue Datei zu erstellen. Um die Zuordnung zu erleichtern, sollte der Dateiname dabei dem Funktionsnamen entsprechen. Auch hierbei kommt die Endung .php zum Einsatz. In dieser Datei steht lediglich der Bereich, in dem die Funktion definiert wurde – wie immer in den entsprechenden PHP-Tags:

```
<?php
function verdopplung ($wert)
{
    return ($wert*2);
}
?>
```

Bevor die Funktion im Hauptprogramm zum Einsatz kommen kann, ist es nun notwendig, die entsprechende Datei einzubinden. Dafür kommen zwei Befehle infrage: include und require. Der Unterschied zwischen beiden Befehlen ist jedoch minimal und zeigt sich lediglich, wenn eine Datei nicht geladen werden kann. Bei der Verwendung von include fährt das Programm in diesem Fall fort und arbeitet alle weiteren Befehle ab – auch ohne die Inhalte der Datei. Sollte require zum Einsatz kommen, bricht es die Ausführung hingegen sofort ab.

Bei beiden Möglichkeiten ist es möglich, den Zusatz _once hinzuzufügen (include_once beziehungsweise require_once). Das bewirkt, dass der Interpreter kontrolliert, ob die entsprechende Datei bereits in einem vorherigen Teil abgerufen wurde. Ist dies der Fall, lädt er die Datei nicht erneut. Das ist insbesondere bei umfangreicher Software sinnvoll, wenn der Programmierer nicht mehr genau weiß (beziehungsweise wenn dies von der spezifischen Ausführung des Programms abhängt), ob er die entsprechende Datei bereits geladen hat. Indem die Dateien nicht doppelt geladen werden, ist es möglich, die Ausführungsgeschwindigkeit zu erhöhen.

8

Nach dem entsprechenden Befehl ist es notwendig, den Dateinamen einzufügen. Dieser steht in runden Klammern und in Anführungszeichen. Sollte sich die Datei in einem anderen Ordner als das Hauptprogramm befinden, ist es wichtig, darauf zu achten, zusätzlichen den Pfad anzugeben. Das Hauptprogramm sieht daher folgendermaßen aus:

```
<?php
include ("verdopplung.php");
print verdopplung(3);
?>
```

8.4 Funktionen aus der PHP-Bibliothek verwenden

Neben den Funktionen, die der Programmierer selbst erstellt, gibt es in PHP eine umfangreiche Bibliothek. Diese enthält zahlreiche nützliche Funktionen, die in vielen Programmen zum Einsatz kommen. Das kann die Arbeit erheblich erleichtern. Ein Beispiel für eine vorgefertigte Funktion ist `phpinfo()`. Diese bietet zahlreiche Informationen zum System und zur verwendeten PHP-Version. Sie kann ganz einfach in ein Programm eingebaut werden:

```php
<?php
phpinfo();
?>
```

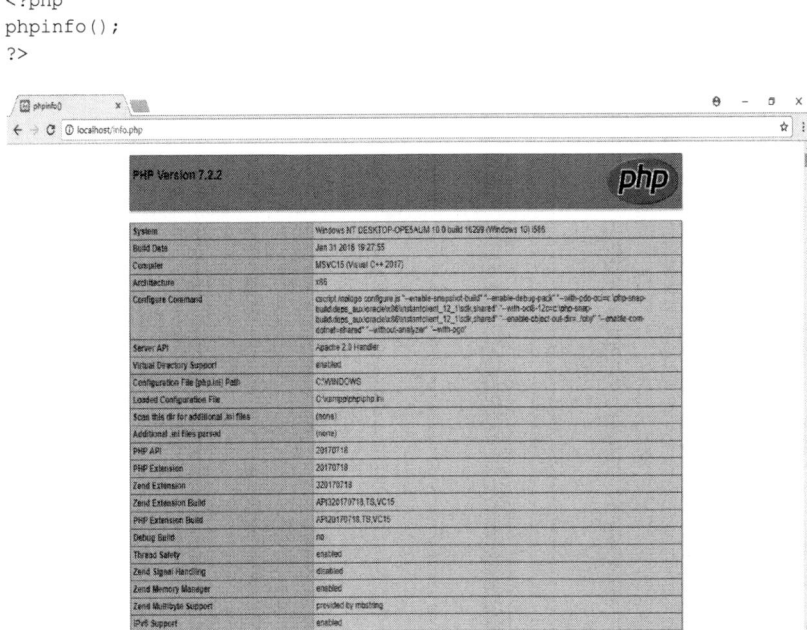

Screenshot 33 Diese Ausgabe erzeugt die Funktion phpinfo().

Um einen Überblick über die möglichen Funktionen zu erhalten, ist es sinnvoll, die Online-Dokumentation von PHP aufzurufen. Diese ist unter http://php.net/manual/de/ verfügbar. Darin sind viele wichtige Informationen zu dieser Programmiersprache enthalten. Das Kapitel Funktionsreferenzen listet die Funktionen auf, die in der Bibliothek enthalten sind.

Die Online-Dokumentation ist auch hilfreich, um das Verhalten einer Funktion genau zu ermitteln. Dabei ist es entweder möglich, über die Funktionsreferenzen zu den einzelnen Funktionen zu gelangen. Wenn der genaue Name bereits bekannt ist, ist es sinnvoll, die Suchfunktion zu verwenden. Unter dem Eintrag `phpinfo` ist beispielsweise folgender Eintrag zu finden:

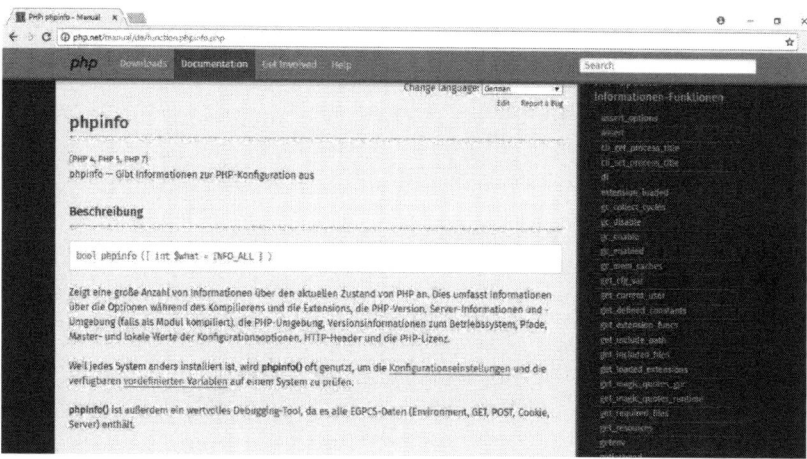

Screenshot 34 Der Eintrag in der Online-Dokumentation zur Funktion phpinfo()

Dabei wird nicht nur beschrieben, welche Aufgaben die entsprechenden Funktionen übernehmen. Darüber hinaus ist genau angegeben, welche Werte das Hauptprogramm übermitteln muss und welche Rückgabewerte die Funktion erzeugt. Die Online-Dokumentation ist es sehr wichtiges Hilfsmittel, um vorgefertigte Funktionen in einem Programm zu verwenden.

8.5 Übung: PHP-Programme mit Funktionen erstellen

1. Erstellen Sie eine Funktion, die die ersten zehn Potenzen einer Zahl berechnet. Dazu kommt der Operator ** zum Einsatz. Diesem wird die Basis vorangestellt und darauf folgt der Exponent. Das Hauptprogramm soll dabei den Ausgangswert übermitteln. Die Rückgabe erfolgt durch ein Array. Die Ausgabe des Arrays erfolgt im Hauptprogramm.

2. Führen Sie nun auch die Ausgabe des Arrays in einer eigenen Funktion durch. Lagern Sie beide Funktionen in eine separate Datei aus und binden Sie diese in das Hauptprogramm ein.

3. Suchen Sie in der Online-Dokumentation eine Funktion, um die Quadratwurzel einer Zahl zu bestimmen und eine weitere Funktion, mit der Sie eine Zufallsvariable generieren. (Hilfestellung: Beide Funktionen sind im Kapitel Mathe zu finden). Informieren Sie sich über die Anwendung dieser beiden Funktionen. Erstellen Sie nun ein Programm, dass die Wurzel eines zufälligen Werts berechnet und sowohl den Ausgangswert als auch das Ergebnis ausgibt.

Lösungen:

1.

```php
<?php
function potenz($wert)
{
    $ergebnis = array();
    for ($i = 0; $i < 10; $i++)
    {
        $ergebnis[$ ] = $wert**($i+1);
    }
    return $ergebnis;
}

$potenzen = potenz(2);

foreach ($potenzen as $ausgabewert)
{
    print $ausgabewert."<br>";
}

?>
```

Screenshot 35 So sollte die Ausgabe aussehen, wenn das Hauptprogramm den Wert 2 übermittelt.

2.

Datei funktionen.php:

```php
<?php

function potenz($wert)
{
    $ergebnis = array();
    for ($i = 0; $i < 10; $i++)
    {
        $ergebnis[$ ] = $wert**($i+1);
    }
    return $ergebnis;
}

function ausgabe ($potenzen)
{
    foreach ($potenzen as $ausgabewert)
    {
        print $ausgabewert."<br>";
    }
}

?>
```

Datei main.php:

```php
<?php

include ("funktionen.php")
ausgabe (potenz(2));

?>
```

3.

Für diese Aufgabe benötigen Sie die Befehle rand() und sqrt(), deren Funktionsweise in der Online-Dokumentation beschrieben wird. Daraus ergibt sich folgendes Programm:

```php
<?php

$zufallszahl = rand();
$wurzel = sqrt ($zufallszahl);
print "Die Wurzel aus ".$zufallszahl." ist ".$wurzel.".<br>\n";

?>
```

Die Wurzel aus 645671271 ist 25410.062396618.

Screenshot 36 So sieht die Ausgabe der Wurzel einer Zufallszahl aus.

Alle Programmcodes aus diesem Buch sind als PDF zum
Download verfügbar. Dadurch müssen Sie sie nicht abtippen:
https://bmu-verlag.de/books/php-mysql/

Außerdem erhalten Sie die eBook Ausgabe zum Buch im
PDF Format kostenlos auf unserer Website:

https://bmu-verlag.de/books/php-mysql/
Downloadcode: siehe Kapitel 18

Kapitel 9

Objektorientierte Programmierung: Klassen, Objekte und Methoden

Die vorhergehenden Kapitel beschrieben die grundlegenden Funktionen der Programmiersprache PHP. Mit Schleifen, if-Abfragen und mit Funktionen lassen sich vielfältige Programme für ganz unterschiedliche Anwendungen erstellen. In der Einleitung wurde jedoch bereits erwähnt, dass es sich bei PHP um eine objektorientierte Programmiersprache handelt. Hierbei handelt es sich um ein Konzept, das sich insbesondere für große und komplexe Programme sehr gut eignet. Allerdings ist es nicht einfach, die Details der objektorientierten Programmierung zu verstehen. Dieses Thema stellt einen wichtigen Schwerpunkt des Informatikstudiums dar. Um die Erstellung komplexer Programme mit Objektorientierung kümmern sich erfahrene Programmierer. In diesem Lehrbuch soll das Thema dennoch kurz vorgestellt werden. Zum einen ist es wichtig, dass der Leser die Grundzüge dieses Konzepts kennenlernt – beispielsweise um einen Programmcode zu verstehen, den ein anderer Programmierer erstellt hat. Zum anderen gibt es zahlreiche Frameworks, die die Erstellung von Webprojekten vereinfachen. Hierbei gibt es häufig vorgefertigte Objekte, die die Einbindung spezieller Funktionen erlauben. Um dieses Werkzeug nutzen zu können, ist es notwendig, zumindest die Grundzüge der objektorientierten Programmierung zu kennen. Dennoch kann dieses Buch lediglich die wichtigsten Grundlagen erklären. Um sich tiefer in dieses Thema einzuarbeiten, stehen zahlreiche Lehrbücher zur Verfügung, die sich vollständig der objektorientierten Programmierung widmen und alle Details erläutern.

Im Mittelpunkt der objektorientierten Programmierung steht das Objekt. Dabei handelt es sich um ein Element, das spezifische Eigenschaften aufweist. Es ist möglich, sich diese Objekte wie verschiedene Alltagsgegenstände vorzustellen. Gegenstände der gleichen Art weisen auch ähnliche Eigenschaften – allerdings in unterschiedlicher Ausprägung – auf. Bei Objekten eines unterschiedlichen Typs sind hingegen auch verschiedene Eigenschaften von Bedeutung. Während beispielsweise bei einem Apfel die Größe, die Farbe und die Reife eine wichtige Rolle spielen, sind bei einem Auto die Geschwindigkeit, der Kraftstoffverbrauch und die Anzahl der Sitzplätze entscheidende Parameter. Von großer Bedeutung für die objektorientierte Programmierung sind außerdem Klassen. Diese geben die grundlegenden Eigenschaften vor, die bei der Beschreibung eines Objekts beachtet werden müssen. Darüber hinaus gibt es Methoden. Diese dienen dazu, verschiedene Aktionen mit den Objekten durchzuführen.

9.1   Die Klasse: Grundlage der objektorientierten Programmierung

Wie im vorherigen Abschnitt bereits angedeutet, spielen bei der objektorientierten Programmierung die Eigenschaften eine wichtige Rolle, die ein Objekt annehmen kann. Dabei gibt es in der Regel eine sehr hohe Anzahl an möglichen Eigenschaften. Es ist jedoch wichtig, die entscheidenden Bereiche zu ermitteln. Wie bereits erwähnt, spielen bei einem Autor die Geschwindigkeit, der Kraftstoffverbrauch und die Anzahl der Sitzplätze eine wichtige Rolle. Doch zeichnet sich jedes Auto noch durch weitere Parameter aus – beispielsweise die Länge, die Breite, die Marke und die Farbe. Zu Beginn ist es daher notwendig, sich zu überlegen, welche Merkmale für eine bestimmte Anwendung von Bedeutung sind. Wenn ein Programmierer beispielsweise eine Plattform erstellt, auf der gebrauchte Autos zum Verkauf angeboten werden, muss er sich überlegen, welche Angaben dafür notwendig sind. Wenn er daraufhin ein Objekt für ein bestimmtes Auto erstellt, muss er diesem alle wichtigen Eigenschaften zuweisen.

An dieser Stelle kommen die Klassen ins Spiel. Dabei handelt es sich um ein Muster, an dem sich alle Objekte, orientieren. In diesem Beispiel gibt die Vorlage genau vor, welche Eigenschaften bei einem Auto beschrieben werden sollen. Die Variablen, die die entsprechenden Werte beinhalten, werden als Member bezeichnet. Wenn nun ein Objekt, das ein Auto symbolisiert, entstehen soll, muss es diese Vorgaben genau beachten. Das bedeutet, dass hierbei für alle Eigenschaften, die in der Klasse definiert sind, ein Wert vorhanden sein muss.

Da die Klasse die Vorlage für ein Objekt darstellt, besteht der erste Schritt bei der objektorientierten Programmierung darin, eine Klasse zu definieren. Hierfür findet das Schlüsselwort `class` Verwendung. Danach folgt der Name der Klasse, den der Programmierer frei wählen kann. In geschweiften Klammern stehen danach die Eigenschaften, über die alle Objekte dieser Klasse verfügen.

```php
<?php
class Auto
{
    private $sitzplaetze;
    public $geschwindigkeit;
    public $kraftstoffverbrauch;
}
?>
```

Bei den einzelnen Members handelt es sich um Variablen. Daher ist es auch hierbei notwendig, ein Dollarzeichen vor den entsprechenden Namen zu stellen. Vor der Angabe der entsprechenden Eigenschaft steht entweder die Bezeichnung `public` oder `private`. Diese Vorgaben vergeben die Zugriffsrechte auf die entsprechenden Eigenschaften. Steht die Bezeichnung `public` vor der Bezeichnung, ist es möglich, von außerhalb der Klasse – also aus dem Hauptprogramm – auf die entsprechenden Werte zuzugreifen und sie zu verändern. Steht hingegen der Begriff `private` vor der Eigenschaft, ist dies nicht möglich. Das schützt die Variable. In diesem Fall ist es lediglich möglich, aus der gleichen Klasse auf die Variablen zuzugreifen. Wie das funktioniert, wird im Kapitel 10.3 beschrieben.

Es ist auch möglich, die Variablen bereits in der Klasse zu initialisieren. Das bedeutet, dass jedes Objekt, das anhand dieser Klasse entsteht, zunächst die entsprechenden Standardwerte erhält. Später ist es jedoch problemlos möglich, diese zu ändern. Da die überwiegende Mehrheit der Autos über fünf Sitzplätze verfügt, wäre es beispielsweise sinnvoll, diesen Wert standardmäßig auf 5 zu setzen. Die Definition der Klasse sieht dann wie folgt aus:

```php
<?php
class Auto
{
    private $sitzplaetze = 5;
    public $geschwindigkeit;
    public $kraftstroffverbrauch;

}
?>
```

9.2   Mit einer Klasse ein Objekt erzeugen

Nachdem die Klasse definiert wurde, ist es möglich, ein Objekt mit den entsprechenden Eigenschaften zu erzeugen. Da es üblich ist, die Beschreibung der Klasse in eine eigene Datei auszulagern, ist es hierfür zunächst notwendig, die entsprechende Datei einzubinden. Wie das funktioniert, wurde bereits im Kapitel zu den Funktionen erläutert. Bei der Verwendung von Klassen ist die Vorgehensweise identisch. Sollte die Klasse in der gleichen Datei wie das Hauptprogramm definiert werden, ist dieser Schritt nicht notwendig. Wenn die entsprechenden Informationen bereitstehen, muss sich der Programmierer einen Namen für das entsprechende Objekt überlegen. Diesem muss das Dollarzeichen vorangestellt werden. Daraufhin folgt das Gleichheitszeichen und schließlich der Schlüsselbegriff new. Danach ist es erforderlich, anzugeben, mit welcher Klasse das neue Objekt erzeugt werden soll. Das geschieht durch den Namen der Klasse. Danach ist ein Paar runde Klammern notwendig, die in diesem Fall jedoch leer bleiben. Mit folgendem Befehl ist es möglich, ein neues Objekt der Klasse Auto zu erzeugen:

```php
$meinAuto = new Auto();
```

Danach ist es möglich, auf die einzelnen Member des Objekts zuzugreifen. Beispielsweise kann das Hauptprogramm Werte für die Geschwindigkeit und für den Kraftstoffverbrauch eingeben und diese anschließend auf dem Bildschirm anzeigen. Um auf die Inhalte zuzugreifen, ist es notwendig, den Namen des Objekts mit vorangestelltem Dollarzeichen einzufügen. Danach folgt das Symbol "->". Schließlich ist der Name des Members erforderlich – in diesem Fall jedoch ohne das Dollarzeichen. Das Programm sieht demnach wie folgt aus:

```php
<?php
include ("class_auto.php");
$meinAuto = new Auto();

$meinAuto->geschwindigkeit = 150;
$meinAuto->kraftstoffverbrauch = 7;

print "Geschwindigkeit: ".$meinAuto->geschwindigkeit." km/h<br>\n";
print "Kraftstoffverbrauch: ".$meinAuto->kraftstoffverbrauch."
l/100km<br>\n";
?>
```

Screenshot 37 Die Ausgabe der Member der Klasse

Beim nächsten Auto handelt es sich um einen sportlichen Zwei-
sitzer. Daher soll versucht werden, die Anzahl der Sitzplätze zu ändern. Dafür kommt analog zum vorherigen Beispiel der Befehl
`$meinAuto->sitzplaetze = 2;` zum Einsatz. Dabei erscheint jedoch folgende Fehlermeldung:

Screenshot 38 Beim Zugriff auf eine private Eigenschaft von
außerhalb der Klasse kommt es zu dieser Fehlermeldung.

Der Grund dafür besteht darin, dass dieses Member als privat deklariert wurde. Das bedeutet, dass ein Zugriff aus dem Hauptprogramm nicht möglich ist. Hierfür kommen Methoden zum Einsatz, die im folgenden Abschnitt erklärt werden.

9.3   Methoden für die Arbeit mit Objekten

Um mit Objekten zu arbeiten, kommen häufig Methoden zum Einsatz. Diese sind sehr ähnlich aufgebaut wie Funktionen, die bereits im vorhergehenden Kapitel beschrieben wurden. Der Unterschied besteht jedoch darin, dass sich Methoden lediglich auf Objekte der entsprechenden Klasse anwenden lassen. Methoden erlauben es, auf private Eigenschaften des Objekts zuzugreifen. Doch auch für die Bearbeitung öffentlicher Member bieten sie viele Vorteile.

Im vorherigen Abschnitt wurde gezeigt, dass der Zugriff auf die private Eigenschaft sitzplaetze nicht direkt aus dem Hauptprogramm möglich ist. Das folgende Beispiel soll zeigen, wie der Programmierer den Wert durch eine Methode anpassen kann.

Die Methode steht direkt in der Definition der Klasse. Daher hat sie Zugriff auf alle Member – selbst auf die privaten. Eine Methode ist praktisch gleich aufgebaut, wie eine Funktion. Sie wird auch mit dem gleichen Schlüsselbegriff eingeführt. Der einzige Unterschied besteht darin, dass es auch hierbei notwendig ist, zu definieren, ob die Methode öffentlich oder privat ist. Folgende Methode erlaubt es daher, die Anzahl der Sitzplätze zu verändern:

```
public function setSitzplaetze ($anzahl)
    {
        $this->sitzplaetze = $anzahl;
    }
```

Um innerhalb einer Klasse auf eines ihrer Member zuzugreifen, ist es notwendig das Schlüsselwort $this gefolgt vom Symbol "->" und dem Namen des Members (ohne Dollarzeichen) zu verwenden.

Die Funktion muss öffentlich sein, damit das Hauptprogramm darauf zugreifen kann. Beim Aufruf der Methode übergibt das Programm den Wert, der eingefügt werden soll. Dieser wird in der Variable $anzahl festgehalten. Wenn eine Methode ein Member verändert, ist es üblich, den Funktionsnamen aus dem Bestandteil set und dem Namen des Members (mit einem Großbuchstaben) zusammenzusetzen. Wenn sie hingegen einen Wert abfragt, ist es gebräuchlich, den Namen aus dem Begriff get und dem Namen der Eigenschaft zusammenzufügen.

Wenn die entsprechende Methode in die Klasse integriert ist, lässt sie sich aus dem Hauptprogramm aufrufen. Dabei ist es notwendig, den Objektnamen und das Symbol "->" vor den Namen der Funktion zu setzen: $meinAuto->setSitzplaetze (2);

Die vollständige Klasse sieht demnach folgendermaßen aus:

```php
<?php
class Auto
{
    private $sitzplaetze = 5;
    public $geschwindigkeit;
    public $kraftstoffverbrauch;

    public function setSitzplaetze ($anzahl)
    {
        $this->sitzplaetze = $anzahl;
    }
}
?>
```

Für das Hauptprogramm kommt folgender Code zum Einsatz:

```php
<?php
include ("class_auto.php");

$meinAuto = new Auto();

$meinAuto->geschwindigkeit = 150;
$meinAuto->kraftstoffverbrauch = 7;

print "Geschwindigkeit: ".$meinAuto->geschwindigkeit." km/h<br>\n";
print "Kraftstoffverbrauch: ".$meinAuto->kraftstoffverbrauch."
```

```
1/100km<br>\n";


$meinAuto->setSitzplaetze (2);
?>
```

9.4   Übung: Klassen, Objekte und Methoden anwenden

1. Schauen Sie sich nochmals das Array aus dem Kapitel 10.5 an. Erzeugen Sie eine Klasse für Produkte, die es ermöglicht, diese Eigenschaften festzulegen. Verwenden Sie für die Namen der einzelnen Member die Bezeichnungen aus dem assoziativen Array, der im weiteren Verlauf des entsprechenden Kapitels beschrieben wird. Verhindern Sie dabei einen Zugriff von außerhalb der Funktion.

2. Erstellen Sie Methoden, die es ermöglichen, Änderungen an den einzelnen Membern vorzunehmen. Erstellen Sie ein Hauptprogramm, das das Objekt Bohrmaschine erzeugt und die Eigenschaften wie im Array im Kapitel 10.5 vorgibt.

3. Das letzte Beispiel aus diesem Kapitel ermöglicht es zwar, die Anzahl der Sitzplätze zu ändern. Allerdings lässt sich der Wert noch nicht anzeigen. Erstellen Sie hierfür die Methode getSitzplaetze. Wenden Sie diese Methode im Hauptprogramm an.

Lösungen:

1.

```php
<?php
class Produkt
{
    private $artikelnummer;
    private $produktname;
    private $preis;
    private $beschreibung;
    private $anzahl;
}
?>
```

2.

Definition der Klasse:

```php
<?php
class Produkt
{
    private $artikelnummer;
    private $produktname;
    private $preis;
    private $beschreibung;
    private $anzahl;

    public function setArtikelnummer($wert)
    {
        $this->artikelnummer = $wert;
    }

    public function setProduktname($wert)
    {
        $this->produktname = $wert;
    }

    public function setPreis($wert)
    {
        $this->artikelnummer = $wert;
    }
```

9

```
        public function setBeschreibung($wert)
        {
            $this->beschreibung = $wert;
        }

        public function setAnzahl($wert)
        {
            $this->anzahl = $wert;
        }
}
?>
```

Hauptprogramm

```
<?php
include ("class_produkt.php");

$Bohrmaschine = new Produkt();


$Bohrmaschine->setArtikelnummer(1);
$Bohrmaschine->setProduktname("Bohrmaschine");
$Bohrmaschine->setPreis(45);
$Bohrmaschine->setBeschreibung("Kraftvolle Bohrmaschine für Bohr- und
Schraubarbeiten");
$Bohrmaschine->setAnzahl(2 );
?>
```

Wenn Sie dieses Programm ausführen, erscheint lediglich ein leeres Feld im Browser, da keine Funktion für die Ausgabe eingefügt wurde. Für die Überprüfung ist es lediglich wichtig, darauf zu achten, dass keine Fehlermeldungen erscheinen. Um den Inhalt der einzelnen Member darzustellen, können Sie das Programm um Methoden erweitern, die diese Aufgabe übernehmen.

3.

Definition der Klasse:

```php
<?php
class Auto
{
    private $sitzplaetze = 5;
    public $geschwindigkeit;
    public $kraftstoffverbrauch;

    public function setSitzplaetze ($anzahl)
    {
        $this->sitzplaetze = $anzahl;
    }

    public function getSitzplaetze ()
    {
        return $this->sitzplaetze;
    }
}
?>
```

Hauptprogramm:

```php
<?php
include ("class_auto.php");
$meinAuto = new Auto();
$meinAuto->geschwindigkeit = 150;
$meinAuto->kraftstoffverbrauch = 7;

print "Geschwindigkeit: ".$meinAuto->geschwindigkeit." km/h<br>\n";
print "Kraftstoffverbrauch: ".$meinAuto->kraftstoffverbrauch."
l/100km<br>\n";

$meinAuto->setSitzplaetze (2);

print "Sitzplätze: ".$meinAuto->getSitzplaetze()."<br>\n";
?>
```

9

Alle Programmcodes aus diesem Buch sind als PDF zum
Download verfügbar. Dadurch müssen Sie sie nicht abtippen:
https://bmu-verlag.de/books/php-mysql/

Außerdem erhalten Sie die eBook Ausgabe zum Buch im
PDF Format kostenlos auf unserer Website:

https://bmu-verlag.de/books/php-mysql/
Downloadcode: siehe Kapitel 18

Kapitel 10
Dateien für die Speicherung von Daten

Wenn ein PHP-Programm ausgeführt wird, werden alle benötigten Daten in Variablen gespeichert. Das bringt jedoch das Problem mit sich, dass die Informationen verloren gehen, sobald das Programm beendet ist. In vielen Fällen ist es jedoch notwendig, die Daten auch weiterhin zu verwenden. Daher ist es erforderlich, sie auf eine andere Weise abzuspeichern. Zu diesem Zweck bieten sich Dateien an. Diese können viele unterschiedliche Werte aufnehmen.

10.1 Daten aus einer Datei einlesen

Bevor es möglich ist, eine Datei einzulesen, ist es notwendig, diese zu erstellen. Dazu dient ebenfalls der Texteditor. Für dieses Beispiel soll eine Datei erstellt werden, die die Zahlen von 1 bis 10 enthält – jeweils in einer eigenen Zeile. Im Gegensatz zu den PHP-Programmen handelt es sich hierbei um eine Textdatei. Daher soll sie unter dem Namen beispiel.txt gespeichert werden. Es ist sinnvoll, für die Programme in diesem Abschnitt ein eigenes Unterverzeichnis anzulegen und die Beispiel-Datei darin abzulegen.

Nun soll das eigentliche Programm erstellt werden. Dafür kommt der Befehl `fopen` zum Einsatz. Diesem folgt eine runde Klammer, in der zuerst der Dateiname in Anführungszeichen steht. Nach einem Komma muss der Programmierer – ebenfalls in Anführungszeichen – den Modus angeben. Hierbei ist es möglich, den Wert `r` zu verwenden. Dieser erlaubt es lediglich, die Datei zu lesen. Eine Alternative dazu stellt die Kombination `w+` dar. So erhält das Programm sowohl die Rechte zum Lesen als auch zum Schreiben. Die Funktion erzeugt als Rückgabewert ein sogenanntes Handle. Dieses bietet im Programm Zugriff auf die Datei und muss in einer Variablen gespeichert werden. Es ist üblich, hierfür den Variablennamen $handle oder $fh (für file handle) zu verwenden. Die komplette Programmzeile sieht daher wie folgt aus:

```
$handle = fopen("beispiel.txt","r");
```

Da es manchmal beim Öffnen einer Datei zu Fehlern kommt, ist es sinnvoll, zunächst eine if-Abfrage einzubauen. Diese sorgt dafür, dass das Programm nur ausgeführt wird, wenn der Vorgang erfolgreich war – also wenn die Variable $handle existiert. Sollte dies nicht der Fall sein, erzeugt sie eine Fehlermeldung:

```
if ($handle)
{
     Hier stehen die Befehle für den Umgang mit der Datei
}
else
{
     print "Die Datei konnte nicht geöffnet werden.<br>\n";
}
```

Nun ist es an der Zeit, die Daten einzulesen. Dazu dient der Befehl fgets. Dabei ist es notwendig, in einer runden Klammer den Namen des Handles anzugeben und optional durch ein Komma getrennt und in eckigen Klammern die gewünschte Länge. Dieser Befehl liest die Daten ein, bis ein Zeilenumbruch, das Dateiende oder – falls angegeben – die Maximallänge erreicht ist. (Alternativ dazu stehen die Befehle fread und fscan zur Auswahl. Auf diese kann an dieser Stelle jedoch nicht genauer eingegangen werden. Der interessierte Leser findet hierzu jedoch ausführliche Informationen in der PHP-Onlinedokumentation.)

Aus der Funktionsweise des fgets-Befehls geht hervor, dass dieser jede Zeile einzeln einliest. Das bedeutet, dass hierfür eine while-Schleife notwendig ist, die diesen Vorgang so oft wiederholt, bis das Ende des Dokuments erreicht ist. Da es in diesem Beispiel bereits bekannt ist, dass 10 Zeilen enthalten sind, wäre es möglich, einfach zehn Durchgänge vorzugeben. Einfacher und praktischer ist es jedoch, die Funktion `feof` zu verwenden. Diese gibt eine boolesche Variable zurück. Deren Wert ist `false`, solange das Ende der Datei noch nicht erreicht ist. Sobald dies der Fall ist, ändert sich der Wert zu `true`. Daraus ergibt sich folgendes Programm:

```php
<?php
$handle = fopen("beispiel.txt","r");

$ergebnis = array();

if ($handle)
{
    $i = 0;
    while (!feof($handle))
    {
        $inhalt = fgets($handle);
        $ergebnis[$i] = $inhalt;
        $i++;
        print $inhalt."<br>\n";
    }

    fclose($handle);
}

else
{
    print "Die Datei konnte nicht geöffnet werden.<br>\n";
}
?>
```

Dieses Programm liest nicht nur die entsprechenden Zahlen aus der Datei aus. Darüber hinaus speichert es die einzelnen Werte im Array `$ergebnis` und gibt die Zahlen auf dem Bildschirm aus. Dabei ist es noch wichtig, den Befehl `fclose` zu erklären. Dieser schließt den Zugriff auf die Datei wieder und sollte immer nach der letzten Verwendung des Handles eingefügt werden.

Um die Funktionsweise des Programms zu überprüfen, ist es möglich, die Ausgangswerte in der Textdatei etwas abzuändern. Bei einer erneuten Ausführung sollten die abgeänderten Werte auf dem Bildschirm angezeigt werden.

10.2 Daten in einer Datei speichern

Für den Umgang mit Daten ist es nicht nur wichtig, diese aus einer Datei einzulesen. Darüber hinaus ist es erforderlich, sie darin zu speichern. Der Schreibvorgang läuft in vielen Bereichen ähnlich ab wie das Einlesen.

Zu Beginn ist es notwendig, die Datei zu öffnen. Das geschieht genau wie beim Einlesen der Daten über den Befehl fopen. Hierbei ist es wichtig, auf den passenden Modus zu achten. Dafür bieten sich die Bezeichnungen w zum reinen Schreiben und w+ sowohl zum Lesen als auch zum Schreiben an. Bei diesen Befehlen wird eine eventuell bereits bestehende Datei ersetzt. Sollen die Daten hingegen an die bestehenden Inhalte angehängt werden, ist der Modus a (für append) zu verwenden.

Um die Daten in die Datei zu schreiben, kommt der Befehl fputs zum Einsatz. In der Klammer hinter dem Befehl muss zunächst der Name des Handles stehen. Danach folgt der Inhalt, der in die Datei geschrieben werden soll.

Das nachfolgende Programm erzeugt eine Textdatei, die genau gleich aussieht wie die Beispielsdatei aus dem vorherigen Abschnitt.

```php
<?php
$handle = fopen("beispiel2 txt","w");

if ($handle)
{
    for ($i=0;$i<10;$i++)
    {
        fputs($handle,($i+1)."\n");
    }

    fclose($handle);
}

else
{
    print "Die Datei konnte nicht geöffnet werden.<br>\n";
}
?>
```

Um jede Zahl in eine eigene Zeile zu schreiben, ist es notwendig, in jeden `fputs`-Befehl auch den Zeilenumbruch (\n) einzufügen.

Bei vielen Internetanwendungen ist die Interaktion mit den Nutzern sehr wichtig. Hierfür dienen HTML-Formulare. Wenn deren Anwendung noch nicht bekannt ist, empfiehlt es sich, zunächst eine entsprechende Einführung in die Erstellung von HTML-Internetseiten zu lesen. Im Folgenden wird lediglich erklärt, wie diese HTML-Formulare mit PHP zu verwenden sind. Auf diese Weise soll ein Programm entstehen, das den Namen und die E-Mail-Adresse des Nutzers abfragt und anschließend in einer Textdatei abspeichert.

Das HTML-Formular soll folgendermaßen aufgebaut sein:

```
<form method="post" action="datenabfrage.php">
    Name: <input type="text" name="name"><br>
    E-Mail: <input type="text" name="e-mail"><br>
    <input type="submit" value="Senden">
</form>
```

10

Hierbei ist es wichtig, als Methode immer `post` anzugeben. Im `action`-Attribut steht der Dateiname, der für dieses Programm verwendet werden soll. Das führt dazu, dass nach dem Absenden die gleiche Seite erneut erscheint.

Um auf die Werte, die der Nutzer eingegeben hat, zuzugreifen, ist der Ausdruck `$_REQUEST['name']` notwendig. In der eckigen Klammer steht dabei der Name, der den einzelnen Formularfeldern zugewiesen wurde. Dieser gibt den entsprechenden Eintrag wieder und kann einer Variablen zugewiesen werden.

```
<form method="post" action="datenabfrage.php">
    Name: <input type="text" name="name"><br>
    E-Mail: <input type="text" name="e-mail"><br>
    <input type="submit" value="Senden">
</form>

<?php

$handle = fopen("beispiel3.txt","w");
```

```
if ($handle)
{
if (!empty($_REQUEST['name']) && !empty($_REQUEST['e-mail']))
    {
        if ($_REQUEST['name'] != "")
        {
            $name =  $_REQUEST['name'];
            fputs($handle, $name."\n");
        }
        if ($_REQUEST['e-mail'] != "")
        {
            $email =  $_REQUEST['e-mail'];
            fputs($handle, $email."\n");
        }
    }

    fclose($handle);
}
else
{
    print "Die Datei konnte nicht geöffnet werden.<br>\n";
}
?>
```

Screenshot 39 So wird das Formular im Browser dargestellt.

Dieses Programm schreibt die Werte, die der Nutzer über die Eingabefelder eingibt, in eine neue Datei mit dem Namen beispiel3.txt. Diese entsteht im gleichen Ordner, in dem sich auch das Programm befindet. Erklärungsbedürftig ist noch die if-Abfrage mit der Bedingung (!empty($_REQUEST['name']) && !empty($_REQUES-T['e-mail'])). Diese sorgt dafür, dass der folgende Teil nur dann ausgeführt wird, wenn der Nutzer bereits einen Wert in das Formularfeld eingegeben hat. Wenn dies noch nicht geschehen ist, sind die Inhalte von `$_REQUEST['name']` und `$_REQUEST['e-mail']` noch nicht definiert. Das würde zu Fehlermeldungen führen. Außerdem ist die Abfrage mit der Bedingung (`$_REQUEST['name'] != ""`) vorhanden. Diese überprüft, ob ein Wert über das Formularfeld eingegeben wurde. Falls das nicht der Fall ist, schreibt das Programm keine Daten in die Datei.

10.3   Die Dateirechte beachten

Auf UNIX-artigen Systemen – also auch auf Linux-Webservern – gibt es Zugriffsrechte auf Dateien. Diese sollen verhindern, dass Unbefugte die Datei verwenden, löschen oder ändern. Die Rechte werden dabei in einer Zahl gespeichert: o bedeutet, dass überhaupt keine Rechte an der Datei bestehen. Der Wert 1 sagt aus, dass die Datei ausgeführt werden darf. 2 und 4 stehen für Lese- beziehungsweise Schreibrechte. Dabei ist es möglich, die verschiedenen Werte zu addieren. Die Zahl 6 bedeutet daher, dass Lese- und Schreibrechte vorhanden sind. Die Zahl 3 sagt aus, dass der Nutzer die Datei ausführen und lesen darf.

Wenn das Programm nun nicht auf dem eigenen Rechner unter XAMPP, sondern auf einem richtigen Webserver ausgeführt wird, kann das zu Problemen führen. Entsprechend der Standardeinstellungen gewährt dieser lediglich dem Ersteller der Datei alle Rechte. Alle anderen Nutzer dürfen sie lediglich lesen. Wenn der Anwender beispielsweise eine Datei per FTP an den Server übermittelt, hat nur er alleine das Recht, sie zu überschreiben oder zu ändern. Sollte nun der Webserver ein Programm mit Schreibbefehlen ausführen, erhält er dafür keine Berechtigung. Daher ist es wichtig, die Rechte über den FTP-Client nach dem Hochladen anzupassen. Diese Information besteht aus vier Zahlen – wobei die erste stets o beträgt. Danach folgen die Rechte für den Ersteller, anschließend für dessen Gruppe und zum Schluss für die Allgemeinheit. Wenn allen Nutzern Lese- und Schreibrechte zugeteilt werden sollen, müsste beispielsweise der Befehl o666 zum Einsatz kommen.

Wenn die Datei nicht manuell übermittelt wird, sondern wenn sie ein PHP-Programm erstellt, ist es ebenfalls wichtig, auf die Rechte zu achten. Diese lassen sich ganz einfach über den Befehl chmod() ändern. In der Klammer folgen der Dateiname und anschließend die Nummer für die Rechtevergabe:

```
chmod ("beispiel.txt", 0666);
```

10.4   Übung: Dateien für die Datenspeicherung verwenden

1. Schreiben Sie ein Programm, das ein Formularfeld im Browser anzeigt. Dieses soll den Nutzer dazu auffordern, eine beliebige Zahl einzugeben. Erstellen Sie ein Textdokument mit verschiedenen Zahlen (jeweils in einer eigenen Zeile) und lesen Sie dieses mit Ihrem Programm ein. Multiplizieren Sie daraufhin diese Zahlen mit dem Wert, den der Nutzer über den Browser eingegeben hat. Erstellen Sie daraufhin ein neues Textdokument und speichern Sie die Ergebnisse darin ab.

Hinweis: PHP behandelt die Zahlen aus dem Formularfeld wie Textvariablen. Es ist zwar möglich, damit Rechenoperationen durchzuführen, allerdings erscheint dann ein Hinweis, dass dies eigentlich nicht vorgesehen ist. Um dies zu vermeiden, ist es notwendig, die Variable zuvor in eine Zahl umzuwandeln. Das geschieht mit dem Befehl intval().

Lösung:

```php
<?php
if (!empty($_REQUEST['zahl']))
    {
        print "<p>Ihre Eingabe wurde erfasst und für die
        Berechnung des neuen Dokuments verwendet.</p>\n";
    }
?>

<form method="post" action="aufgabe11-1.php">
    Geben Sie eine beliebige Zahl ein:
<input type="text" name="zahl"><br>
    <input type="submit" value="Senden">
</form>

<?php

if (!empty($_REQUEST['zahl']))
{
    $handle = fopen("zahlen.txt","r");
    $handle2 = fopen ("ergebnis.txt","w");

    $ergebnis = array();


    if ($handle)
    {
        $i = 0;
        while (!feof($handle))
        {
            $inhalt = fgets($handle);
            $ergebnis[$i] = $inhalt;
            $i++;
        }
        if ($_REQUEST['zahl'] != "")
        {
            $faktor = $_REQUEST['zahl'];
            foreach ($ergebnis as $wert)
            {
                $wert = intval($wert)*$faktor;
                fputs($handle2, $wert."\n");
            }
        }
        fclose($handle);
        fclose($handle2);
    }
```

10

```
        else
        {
            print "Die Datei konnte nicht geöffnet werden.<br>\n";
        }
    }
?>
```

Screenshot 40 Die Ausgabe im Browser, nachdem der Nutzer einen
Wert eingegeben hat

Anmerkung: Die erste `if`-Abfrage (vor dem Eingabe-Formular)
überprüft, ob ein Wert für `$_REQUEST['zahl']` vorhanden ist –
also ob schon eine Eingabe gemacht wurde. Daher erscheint der entsprechende Hinweis beim ersten Aufrufen der Seite nicht. Erst wenn
der Nutzer einen Wert eingibt und sich die Seite sich dadurch erneut
lädt, gibt ihn das Programm aus.

Alle Programmcodes aus diesem Buch sind als PDF zum
Download verfügbar. Dadurch müssen Sie sie nicht abtippen:
https://bmu-verlag.de/books/php-mysql/

Außerdem erhalten Sie die eBook Ausgabe zum Buch im
PDF Format kostenlos auf unserer Website:

https://bmu-verlag.de/books/php-mysql/
Downloadcode: siehe Kapitel 18

Kapitel 11

Datenbanken: Die effiziente Alternative für die Datenspeicherung

Datenbanken dienen dazu, die Daten für die Ausführung eines PHP-Programms abzurufen oder neue Werte darin zu speichern. Dabei handelt es sich jedoch nicht um die einzige Methode für diese Aufgabe. Im vorherigen Kapitel wurden genau für diesen Zweck Dateien verwendet. Aus diesem Grund ist es interessant, vor dem Einstieg in die Verwendung der Datenbanken beide Alternativen gegenüberzustellen. Aus diesem Vergleich wird schnell klar, weshalb in der Praxis fast ausschließlich Datenbanken zum Einsatz kommen.

Eines der größten Probleme der Dateien besteht darin, dass diese nicht mehrbenutzerfähig sind. Bei einer Internetseite greifen jedoch häufig viele Besucher gleichzeitig auf die Daten zu. Daher eignen sich Dateien nicht für diese Aufgabe. Bei der Verwendung von Datenbanken stellt es hingegen keinerlei Problem dar, wenn viele Nutzer die Daten gleichzeitig verwenden.

Dateien sind außerdem sehr unsicher. Wenn ein Nutzer Zugriffsrechte erhält, kann er alle Inhalte einsehen und verändern. Die Strukturen sind außerdem offen sichtbar und es stellt kein Problem dar, Werte manuell zu manipulieren. Bei Datenbanken sind die Strukturen nach außen hin hingegen nicht erkennbar. Das erschwert eine Beeinflussung. Außerdem besteht hier ein sehr differenzierter Zugriffschutz.

Ein weiterer Vorteil besteht in der einfacheren Strukturierung der Daten. Insbesondere bei umfangreichen Projekten mit großen Datenmengen ist es bei der Verwendung von Datenbanken einfacher, den Überblick zu behalten. Darüber hinaus ist auch der Zugriff auf einen bestimmten Wert hierbei deutlich leichter. Bei der Verwendung von

Dateien stellt es ein großes Problem dar, einen spezifischen Eintrag zu finden. Eine Datenbank löst diese Aufgabe jedoch schnell und effizient.

Aus diesen Gründen ist es empfehlenswert, für Internetanwendungen stets Datenbanken zu verwenden. Dateien kommen eigentlich nur dann zum Einsatz, wenn Daten mit dem Benutzer ausgetauscht werden sollen. Für die interne Speicherung der Daten sind sie hingegen nicht zu empfehlen.

11.1 Was ist eine Datenbank?

Nachdem schon im Einleitungskapitel kurz angerissen wurde, was eine Datenbank ist, soll dieser Begriff im folgenden Abschnitt etwas genauer erklärt werden. Wie bereits beschrieben, besteht eine Datenbank stets aus zwei unterschiedlichen Ebenen. Zum einen gibt es die Datenebene. Hier befinden sich die Rohdaten, die den Inhalt der Datenbank darstellen. Es ist üblich, die Datenbanken anhand der Art dieser Inhalte zu klassifizieren. Es gibt beispielsweise nummerische Datenbanken, die ausschließlich Zahlen enthalten. Volltextdatenbanken bieten sich dazu an, Texte zu speichern. Einige Leser sind sicherlich bereits einmal auf den Begriff Bilddatenbank gestoßen. Darin befinden sich Bilddateien. Das zeigt, dass es auch möglich ist, komplette Dateien in der Datenbank abzulegen. Der direkte Zugriff auf diese Datenebene ist nicht vorgesehen. Zum einen ist es nicht bekannt, welche Strukturen für die Speicherung verwendet wurden. Daher ist es beinahe unmöglich, einen bestimmten Inhalt zu finden. Zum anderen kommt es vor, dass die Daten hier nur in verschlüsselter Form vorliegen, um die Sicherheit zu erhöhen.

Da der direkte Zugriff auf die Datenebene nicht vorgesehen ist, muss hierfür noch eine weitere Ebene zum Einsatz kommen. Diese trägt den Namen Datenbank-Managementsystem (DBMS) und stellt eine Schnittstelle für die Kommunikation mit dem Anwender dar. Das DBMS kümmert sich um die Strukturierung der Daten und bietet die Möglichkeit, Inhalte abzurufen, einzufügen oder zu verändern. Ein

11

PHP-Programmierer kommuniziert ausschließlich auf dieser Ebene mit der Datenbank. Das bedeutet, dass er sich nicht um die Details der Strukturierung der Daten kümmern muss. Für die Interaktion steht eine eigene Sprache zur Verfügung. In diesem Lehrbuch kommt dafür immer die Datenbanksprache SQL zum Einsatz. Es ist möglich, SQL-Befehle in ein PHP-Programm zu integrieren. Dieses übermittelt die Befehle dann an das DBMS und ruft auf diese Weise die gewünschten Daten ab.

11.2   Der Aufbau von Datenbanken

Auch der Aufbau – beziehungsweise die Strukturierung – von Datenbanken fand bereits in der Einleitung kurz Erwähnung. Doch auch hierbei ist eine etwas umfangreichere Erklärung notwendig. Um später mit Datenbanken zu arbeiten, ist es wichtig, deren Strukturen genau zu verstehen. Das erleichtert es den Zugriff auf die Daten.

Die Strukturierung der Daten übernimmt das DBMS. Jedes einzelne dieser Systeme verwendet dabei eine fest vorgegebene Form für die Anordnung. Für Internetanwendungen kommt häufig MySQL zum Einsatz. Auch dieses Lehrbuch arbeitet damit. Dieses DBMS erzeugt ausschließlich relationale Datenbanken. Auch die meisten anderen Datenbanksysteme für Internetanwendungen nutzen diese Form der Strukturierung. Aus diesem Grund liegt der Schwerpunkt auf diesem Modell. Dennoch sollen auch andere Formen kurz erläutert werden. Das macht es leichter, relationale Datenbanken von den übrigen Alternativen abzugrenzen.

Eine Möglichkeit für die Strukturierung der Daten stellen hierarchische Datenbanken dar. Diese verfügen über mehrere Ebenen, die jeweils verschiedene Elemente enthalten. Um auf einen Eintrag zuzugreifen, ist es hierbei notwendig, den gesamten Pfadnamen anzugeben. Sollten beispielsweise die aktiven Sportler in einer Stadt abgespeichert werden, ist es sinnvoll, diese zunächst nach den verschiedenen Sportvereinen und anschließend nach den Abteilungen aufzuteilen. Um auf eine Person zuzugreifen, ist es daher erforderlich, all diese Elemente einzugeben.

Hierarchische Datenbanken haben den Nachteil, dass damit keine Beziehungen zwischen den einzelnen Einträgen möglich sind. Ihr Vorteil besteht darin, dass sie einen sehr schnellen Zugriff ermöglichen. Daher kommen sie vorwiegend bei Anwendungen zum Einsatz, bei denen eine hohe Geschwindigkeit wichtig ist.

Auf der hierarchischen Datenbankstruktur beruhen auch vernetzte Datenbanken. Diese sind ähnlich aufgebaut. Allerdings ermöglichen sie es, dass ein bestimmtes Element mehrere Vorgänger besitzt. Daher gibt es unterschiedliche Pfade, um zu einem bestimmten Eintrag zu gelangen. Das bringt einige neue Möglichkeiten mit sich. Im vorherigen Beispiel war es beispielsweise nicht möglich, einen Sportler einzufügen, der in mehreren Vereinen oder Abteilungen aktiv ist. Dafür wäre eine doppelte Nennung notwendig. In vernetzten Datenbanken ist es hingegen möglich, mehrere Vorgänger – also mehrere Abteilungen – zu einem Eintrag hinzuzufügen.

Darüber hinaus gibt es objektorientierte Datenbanken. Diese sind auf die Anwendung mit objektorientierten Programmiersprachen ausgelegt. Sie erlauben es, Objekte und Methoden zu speichern. Außerdem unterstützen sie die Vererbung von Methoden und Eigenschaften und sie ermöglichen es, Querverbindungen zwischen den einzelnen Einträgen zu erzeugen. Obwohl dieser Datenbanktyp für Programme, die Objekte verwenden, eigentlich sehr geschickt wäre, kommt er bislang nur selten zum Einsatz. Das hängt zum einen damit zusammen, dass die Anbindung an die Programme recht schwierig ist. Außerdem sind diese Datenbanken äußerst komplex, was häufig lange Wartezeiten bei einer Abfrage nach sich zieht.

Am häufigsten kommen relationale Datenbanken zum Einsatz. Diese Form verwendet viele einzelne Tabellen, um die Daten abzuspeichern. Jede Tabelle enthält dabei einen zusammengehörigen Datensatz. Die Spalten geben dabei vor, um welche Art von Daten es sich dabei handelt. Eine Zeile enthält Einträge, die alle zum gleichen Element gehören. In den vorherigen Kapiteln wurde bereits mehrfach das Beispiel eines

Onlineshops für Elektrowerkzeuge aufgeführt. Dabei ist es möglich, in einer Tabelle mehrere Produkte abzuspeichern. Die einzelnen Spalten enthalten Angaben, die für die Charakterisierung der einzelnen Geräte wichtig sind – beispielsweise der Preis, die Artikelnummer und die Produktbeschreibung. In den einzelnen Zeilen stehen die Angaben, die auf einen ganz bestimmten Artikel zutreffen.

Aus dieser Anordnung geht auch hervor, welche Angaben notwendig sind, um auf einen Eintrag zuzugreifen. Zunächst ist es erforderlich, die Tabelle anzugeben. Danach folgt die Spalte und schließlich die Zeile, in der der gewünschte Eintrag steht.

11.3   MySQL: wichtiges Verwaltungssystem für Datenbanken

MySQL ist ein sehr beliebtes Datenbank-Managementsystem. Welche Bedeutung MySQL hat, wird bereits daran deutlich, dass bekannte Anwendungen wie Facebook, YouTube oder Twitter auf diese Technik zurückgreifen. MySQL ist auf den meisten Webservern bereits vorinstalliert und steht daher fast immer zur Verfügung. Auch die bereits verwendete Software XAMPP enthält MySQL. Daher eignet sich dieses System hervorragend, um den Umgang mit Datenbanken zu erlernen und um später eigene datenbankbasierte Webanwendungen zu erstellen.

Das schwedische Unternehmen MySQL AB entwickelte das DBMS Anfang der 90er Jahre. Die erste Version präsentierte es 1994. 2008 kaufte Sun Microsystems den Anbieter auf und seit 2010 gehört MySQL zu Oracle. Hierbei handelt es sich um eine Open-Source-Software. Das bedeutet, dass sie kostenlos erhältlich ist und dass der Quellencode offen zugänglich ist.

Um MySQL auf dem eigenen Computer zu starten, ist es notwendig, die Datei XAMPP-control aufzurufen. Im Gegensatz zu den bisherigen Anwendungen ist es nun nicht nur erforderlich, den Apache-Webserver zu starten, sondern auch MySQL. Auch hierfür ist eine entsprechende Schaltfläche vorhanden.

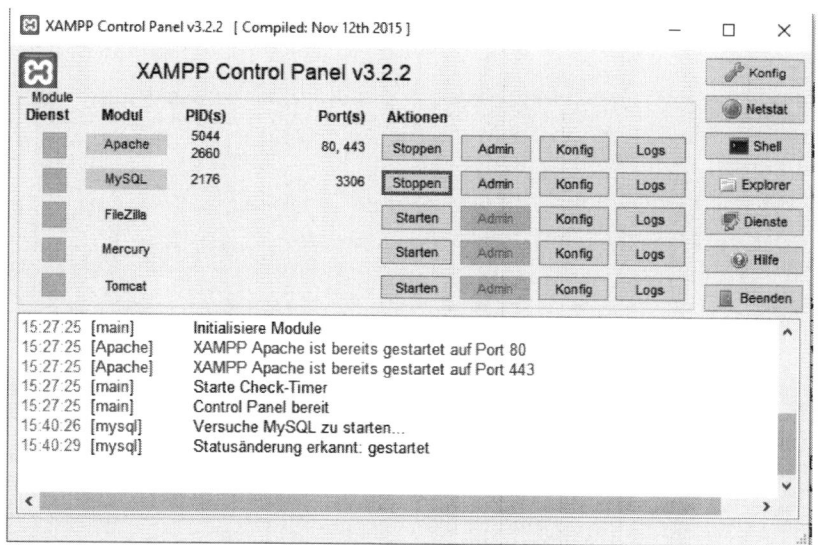

Screenshot 41 MySQL über XAMPP-control starten

Ein weiterer Vorteil von MySQL besteht darin, dass dieses System hervorragend mit PHP zusammenarbeitet. Hierzu dient unter anderem das PHP-Database-Object (PDO). Dabei handelt es sich um ein Objekt, das zahlreiche Funktionen beinhaltet, die für die Interaktion mit der Datenbank notwendig sind. Auf diese Weise kann der Programmierer die entsprechenden Abfragen besonders einfach einbinden.

In der Regel findet der Zugriff zwar über das PHP-Programm statt, doch gibt es auch Situationen, in denen ein direkter Zugang zu MySQL notwendig ist. Das erlaubt es beispielsweise, die Daten manuell zu ändern oder die Strukturen zu ermitteln. Außerdem lässt sich damit der Umgang mit den Datenbanken etwas einfacher erlernen. Daher gibt es eine Benutzeroberfläche, die den Namen phpMyAdmin trägt und die einen direkten Zugriff ermöglicht. Um diese zu erreichen, ist es notwendig, die URL http://localhost/phpmyadmin/ in die Adresszeile des Browsers einzugeben.

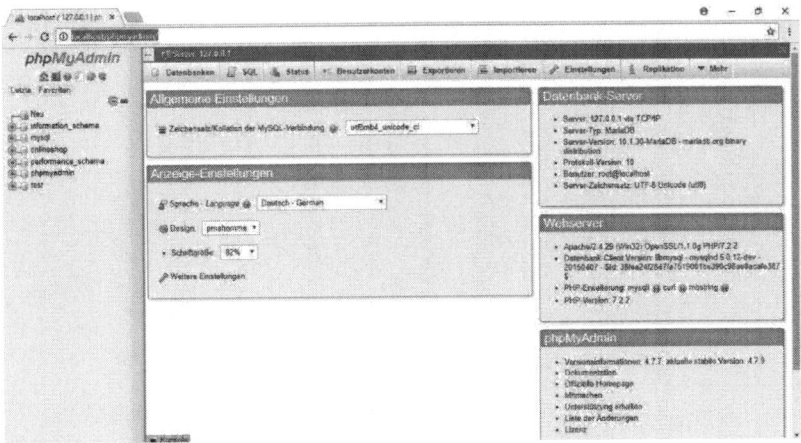

Screenshot 42 Die Startseite von phpMyAdmin

11.4   SQL: die Datenbanksprache für die Arbeit mit MySQL

In den vorherigen Kapiteln wurde bereits ausgeführt, dass ein PHP-Programm mit dem DBMS kommuniziert, um Daten abzufragen, einzufügen oder zu verändern. Damit diese Kommunikation reibungslos abläuft, muss sie einheitliche Befehle verwenden. An dieser Stelle kommt die Datenbanksprache SQL ins Spiel. Wenn ein PHP-Programm einen Befehl an das DBMS sendet, muss es diese Sprache verwenden. SQL enthält alle Funktionen, die für den Umgang mit Datenbanken erforderlich sind. Allerdings handelt es sich hierbei nicht um eine Programmiersprache. SQL bietet beispielsweise keine Funktionen für Schleifen oder Verzweigungen, die wichtige Bestandteile einer vollwertigen Programmiersprache sind.

Die Geschichte von SQL reicht weit in das vergangene Jahrhundert zurück – bis in die 70er Jahre. Damals entwickelte IBM die erste relationale Datenbank, die den Namen System R trug. Für dieses neuartige Datenbankmodell war auch eine neue Sprache erforderlich. Daher entwickelte das Unternehmen SQL – damals allerdings noch unter dem Namen SEQUEL. 1986 veröffentlichte das US-Normungsinstitut ANSI erstmals einen entsprechenden Standard. Im darauffolgenden Jahr zog die internationale Standardisierungsorganisation (ISO) nach. Das war die Grundlage dafür, dass sich SQL als die am häufigsten verwendete Datenbanksprache durchsetzen konnte.

11

Kapitel 12

Grundlegende Operationen für den Umgang mit MySQL-Datenbanken

Nachdem die theoretischen Grundlagen der Datenbanken erklärt sind, ist es nun an der Zeit, das Ganze in die Praxis umzusetzen. Dieses Kapitel stellt die grundlegenden SQL-Befehle vor und ermöglicht es dem Leser, Datenbanken zu erstellen, Tabellen anzulegen und Daten zu manipulieren.

Um diese Aufgabe so einfach wie anschaulich zu gestalten, sollen die SQL-Befehle über die Benutzeroberfläche phpMyAdmin eingegeben werden. Diese enthält zwar auch Schaltflächen, die es ermöglichen, die entsprechenden Aktionen ohne die Verwendung von SQL-Befehlen durchzuführen. Da das Ziel dieser Übung jedoch darin besteht, den Umgang mit SQL zu erlernen, werden hierbei die eigentlichen Kommandos verwendet. Diese sind später auch wichtig, um die Kommunikation mit einem PHP-Programm zu ermöglichen. Das stellt jedoch noch einen weiteren Schritt dar und wird erst im Kapitel XIV beschrieben.

12.1 DDL, DCL und DML: drei Arten von SQL-Befehlen

Die Befehle in SQL sind in drei verschiedene Bereiche unterteilt, die jeweils unterschiedliche Funktionen erfüllen. Das sorgt für eine gute Übersichtlichkeit. Bei den drei Teilbereichen handelt es sich um Data Definition Language (DDL), Data Control Language (DCL) und Data Manipulation Language (DML). Daraus geht bereits hervor, wofür sich die Befehle, die in diesen Gruppen zusammengefasst sind, eignen.

Die Befehle aus dem Bereich DDL erlauben es, die groben Strukturen einer Datenbank vorzugeben. Von großer Bedeutung ist dabei der Befehl CREATE. Dieser kommt bei der Arbeit mit SQL in der Regel als allererstes zum Einsatz. Das liegt daran, dass er notwendig ist, um eine Datenbank zu erstellen. Darüber hinaus lassen sich damit Tabellen mit ganz spezifischen Strukturen gestalten. Das Gegenteil zu diesem Befehl stellt DROP dar. Dieser löscht Datenbanken, Tabellen und weitere Elemente. Schließlich gibt es den Befehl ALTER, der dazu dient, die bestehenden Strukturen zu ändern.

Die vorgestellten Kommandos wurden alle in Großbuchstaben geschrieben. Das ist jedoch nicht zwingend notwendig. SQL akzeptiert auch klein geschriebene Befehle. Es ist hierfür jedoch üblich, Großbuchstaben zu verwenden, da diese zu einer übersichtlichen Gestaltung beitragen.

DCL-Befehle kümmern sich in erster Linie um die Zugriffsrechte. Auf diese Weise lässt sich kontrollieren, welcher Anwender Zugriff auf die entsprechenden Daten bekommt. Der Befehl GRANT weist einem bestimmten Nutzer Rechte zu. Der Befehl REVOKE entzieht sie hingegen. Beide Befehle kommen häufig mit dem Zusatz ALL PRIVILEGES zum Einsatz. Das bewirkt, dass sie alle Rechte zuteilen oder entfernen.

Besonders häufig kommen die Befehle aus dem Bereich DML zum Einsatz. Dieser beinhaltet alle Funktionen, um Daten einzugeben, zu löschen oder zu ändern. Sehr wichtig ist beispielsweise der Befehl SELECT. Dieser wird normalerweise zusammen mit Angaben zur Tabelle und zum genauen Feld, in dem sich der Eintrag befindet, kombiniert. Auf diese Weise ist es möglich, einen bestimmten Eintrag auszuwählen. Das ist die Voraussetzung um den Inhalt auszugeben. Um Daten einzufügen, zu verändern oder zu löschen, kommen die Befehle INSERT, UPDATE und DELETE zum Einsatz.

12.2 Datenbanken und Tabellen anlegen

Im folgenden Abschnitt erfährt der Leser, wie er neue Datenbanken anlegen und Tabellen darin einfügen kann. Die Eingabe soll durch SQL-Befehle über die Benutzeroberfläche phpMyAdmin erfolgen. Dazu ist es notwendig, dieses Programm über den Browser (http://localhost/

phpmyadmin/) aufzurufen. Für die folgenden Aufgaben ist es notwendig, in der Menüleiste das Feld mit der Beschriftung SQL auszuwählen.

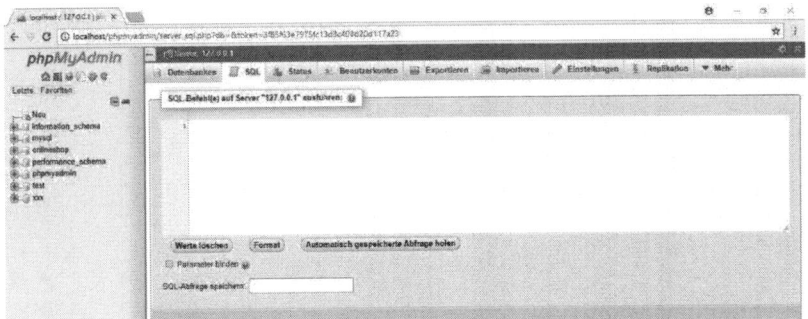

Screenshot 43 Die Oberfläche für die Eingabe von SQL-Befehlen

In das Fenster, das daraufhin erscheint, können nun die entsprechenden Befehle eingefügt werden. Zunächst ist es notwendig, eine Datenbank zu erzeugen. Diese stellt die Grundlage für alle weiteren Anwendungen dar. Dazu kommt der Befehl CREATE zum Einsatz, der bereits im vorherigen Abschnitt angesprochen wurde. Diesem folgt der Schlüsselbegriff DATABASE. Daraus geht hervor, dass MySQL eine neue Datenbank erstellen soll. Um diese eindeutig zu definieren, ist ein Name notwendig. Dieser kann frei gewählt werden. Da die folgenden Beispiele Anwendungen für einen Onlineshop simulieren, soll die Datenbank den Namen `onlineshopDB` erhalten. Der Anhang DB macht deutlich, dass es sich hierbei um eine Datenbank handelt. Diese Form der Namensgebung ist zwar nicht unbedingt notwendig, sie erleichtert es jedoch später, die einzelnen Elemente zu identifizieren. Genau wie in PHP ist es auch in SQL erforderlich, die einzelnen Befehle mit einem Semikolon abzuschließen. Der vollständige Befehl zur Erstellung der Datenbank lautet daher:

```
CREATE DATABASE onlineshopDB;
```

Nach der Eingabe ist es notwendig, auf den Button OK am rechten unteren Bildrand zu klicken. Danach lädt sich die Seite erneut. Auf den ersten Blick sind dabei keine Änderungen zu erkennen. Dennoch wurde dadurch eine neue Datenbank erzeugt. Das lässt sich durch einen Klick auf das Feld "Datenbanken" ganz links in der Menüleiste überprüfen. Hier erscheint nun – neben den bereits vorhandenen Datenbanken – der Eintrag `onlineshopDB`.

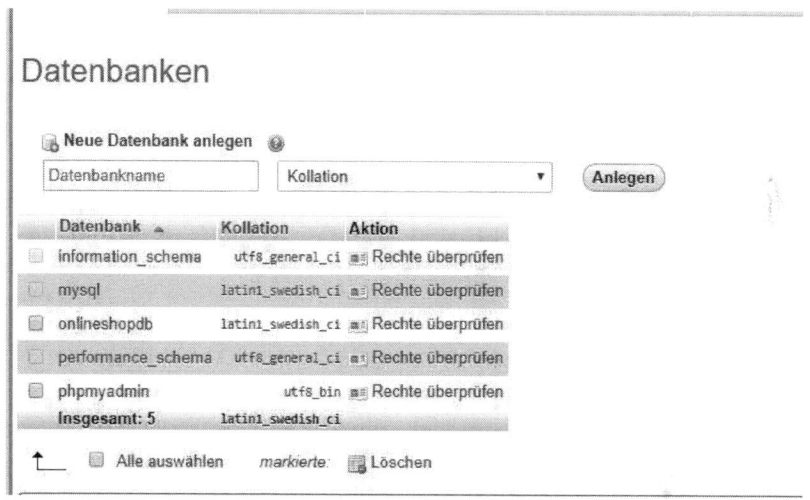

Screenshot 44 In der Übersicht erscheint nun die Datenbank onlineshopDB.

Im nächsten Schritt soll nun die erste Tabelle entstehen. Dieser Schritt erfordert jedoch eine sorgfältige Vorbereitung. Zunächst ist es wichtig, sich zu überlegen, welche Spalten die Tabelle enthalten soll. Daraufhin ist es notwendig, einen Datentyp für die Inhalte zu bestimmen. Bei SQL-Datenbanken ist es nötig, den Datentyp genau vorzugeben, um einen entsprechenden Speicherplatz dafür bereitzuhalten. Die folgende Tabelle gibt einige der wichtigsten Datentypen wieder:

Bezeichnung	Beschreibung
TINYINT	Ganze Zahl zwischen -128 und 127 bzw. 0 und 255 (1 Byte)
SMALLINT	Ganze Zahl zwischen -32.768 und 32.767 bzw. 0 und 65.535 (2 Bytes)

INTEGER	Ganze Zahl zwischen -2.147.483.648 und 2.147.483.647 bzw. 0 und 4.294.957.295 (4 Bytes)
FLOAT	Fließkommazahl
DECIMAL	Fließkommazahl, die vorwiegend für Währungsangaben zum Einsatz kommt
CHAR	Zeichenkette mit nur einem Buchstaben
VARCHAR	Zeichenkette mit variabler Länge. Die Maximallänge muss dabei in Klammern angegeben werden.

Viele Datentypen können mit zusätzlichen Attributen belegt werden. Wichtig ist beispielsweise der Zusatz unsigned bei Zahlen. Dieser führt dazu, dass das entsprechende Feld nur positive Zahlen aufnehmen kann. Dafür verdoppelt sich dabei die Maximalgröße. Im weiteren Verlauf dieses Buches kommen noch weitere Attribute zum Einsatz, die jedoch erst an der entsprechenden Stelle erklärt werden.

Um eine Tabelle zu erstellen, ist es notwendig, einen Namen dafür auszuwählen. Die erste Tabelle soll die Produkte des Onlineshops aufnehmen. Daher trägt sie den Namen os_produkte. Das Präfix os_ zeigt an, dass die Tabelle zur Datenbank onlineshopDB gehört und verbessert dadurch die Übersichtlichkeit. Diese Vorgehensweise ist zwar nicht unbedingt notwendig, aber sehr zu empfehlen.

Nun folgen die einzelnen Spalten. Die erste Spalte soll einen fortlaufenden Index enthalten. Das macht es einfacher, auf die einzelnen Zeilen zuzugreifen. Der Name dieser Spalte soll p_id heißen. Das Präfix p_ macht deutlich, dass diese Spalte zur Tabelle os_produkt gehört. Als Datentyp kommen ganze Zahlen vom Typ integer zum Einsatz. Als Attribute finden not null, unsigned, auto_increment und primary key Verwendung. Not null bedeutet, dass dieser Wert nicht null sein darf. Das bezieht sich in der Informatik jedoch nicht auf die Zahl 0, die durchaus vorkommen darf. Der Ausdruck null bedeutet, dass kein Wert vorhanden ist. Da ein Index normalerweise keine negativen Werte annimmt, kommt das Attribut `unsigned` zum Einsatz. Der Zusatz `auto_increment` bewirkt, dass das DBMS automatisch fortlaufende Nummern für diese Zellen vergibt. Das Attribut `primary key` führt dazu, dass der Datensatz durch die Werte in dieser Spalte eindeutig zu identifizieren ist. Das ist beispielsweise für Referenzen aus anderen Tabellen wichtig.

Als nächstes folgt die Spalte `p_artikelnummer` als `integer` mit den Attributen `not null`, `unsigned` und `unique`. Die ersten beiden Zusätze sind bereits bekannt. Der letzte Eintrag bewirkt, dass in dieser Spalte keine gleichen Werte vorkommen dürfen. Das ist wichtig, da jede Artikelnummer nur ein einziges Mal vergeben werden darf. Für `p_produktname` kommt eine Variable des Typs `varchar(40)` mit dem Attribut `not null` zum Einsatz. 40 Zeichen sollten selbst für sehr lange Produktnamen vollkommen ausreichen. Für `p_preis` findet der Variablentyp `decimal (7,2)` Verwendung. Die erste Zahl in der Klammer gibt dabei die Gesamtzahl der möglichen Ziffern an. Die zweite Zahl sagt aus, bei wie vielen von ihnen es sich um Nachkommastellen handelt. Als Attribute kommen hierbei `not null` und `unsigned` zum Einsatz. Die Spalte `p_beschreibung` verwendet den Typ `varchar (300)`. Da die Beschreibung deutlich länger ist als der Produktname, ist hierbei mehr Platz erforderlich. Attribute sind hierbei nicht notwendig. Zum Schluss folgt die Spalte `p_anzahl` – eine `Integer`-Variable mit dem Attribut `unsigned`.

Nun ist es möglich, die Tabelle zu erstellen. Hierbei kommt wieder der Befehl `CREATE` zum Einsatz – allerdings mit dem Zusatz `TABLE`. Danach folgt der Name der Tabelle und schließlich innerhalb einer Klammer die einzelnen Spalten mit ihren Variablentypen und Attributen. Die einzelnen Attribute sind dabei lediglich durch ein Leerzeichen voneinander getrennt. Nach dem Eintrag für eine Spalte folgt ein Komma:

12

```
CREATE TABLE os_produkt
(p_id integer unsigned not null auto_increment primary key,
    p_artikelnummer integer unsigned not null unique,
    p_produktname varchar(40) not null,
    p_preis decimal(7,2) unsigned not null,
    p_beschreibung varchar(300) ,
    p_anzahl integer unsigned);
```

Bevor der Befehl eingegeben wird, ist es notwendig, in der Menüleiste das Feld "Datenbanken" auszuwählen und daraufhin die bereits erstellte Datenbank anzuklicken. Danach ist es erforderlich, wieder in den Bereich "SQL" zu wechseln und den entsprechenden Befehl einzugeben. Anschließend ist es möglich, die neue Tabelle unter dem Menüfeld "Struktur" zu betrachten.

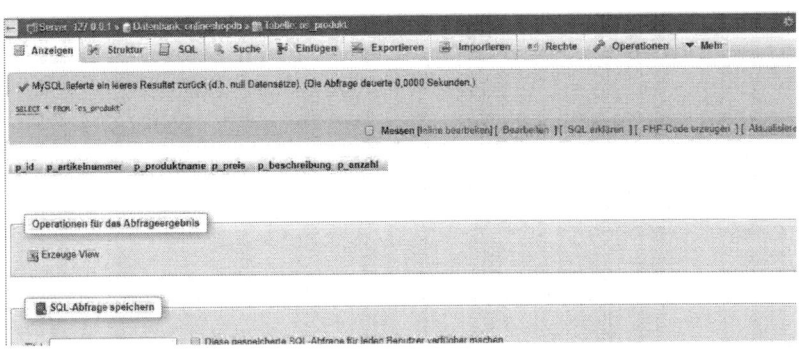

Screenshot 45 Die Struktur der neuen Tabelle ist bereits zu erkennen.

12.3   Daten eintragen

Wie der letzte Screenshot zeigte, ist die Struktur der Tabelle bereits vorhanden. Allerdings sind dabei noch keine Einträge vorhanden. Im nächsten Schritt soll sie nun mit Inhalten gefüllt werden. Dazu dient der Befehl INSERT.

Um die Daten einzutragen, ist es notwendig, den Begriff INSERT INTO und nachfolgend den Namen der Tabelle einzugeben. Anschließend folgen in einer Klammer die Spalten, in die die entsprechenden Werte eingetragen werden. Daraufhin ist es notwendig, den Schlüsselbegriff VALUES einzufügen. Daran schließt sich eine Klammer mit den entsprechenden Werten an. Zeichenketten müssen dabei in einfachen Anführungszeichen stehen. MySQL unterstützt zwar auch doppelte Anführungszeichen, da das jedoch nicht bei allen Datenbank-Managementsystemen der Fall ist, ist es sinnvoll, sich von Anfang an die Verwendung einfacher Anführungszeichen anzugewöhnen. Daraus ergibt sich folgender Eintrag:

```
INSERT INTO os_produkt (p_artikelnummer, p_produktname, p_preis,
p_beschreibung, p_anzahl) VALUES (1001, 'Bohrmaschine', 45.99,
'Kraftvolle Bohrmaschine für Bohr- und Schraubarbeiten', 23);
```

Nachdem dieser Befehl ausgeführt wurde, ist es sinnvoll, in der Menüleiste zunächst das Feld Struktur anzuklicken und daraufhin die entsprechende Datenbank auszuwählen. Nun sind die Einträge, die eben eingefügt wurden, erkennbar.

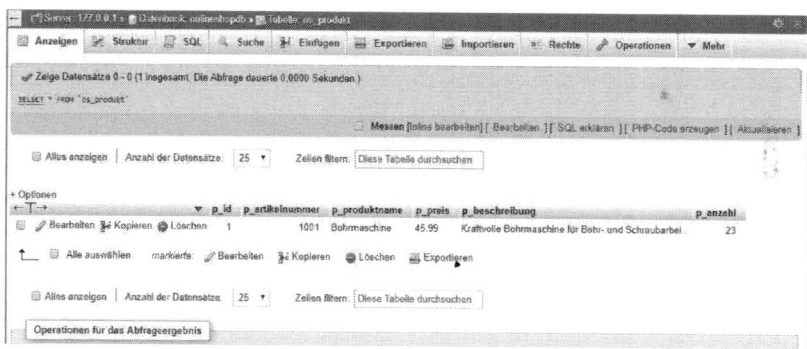

Screenshot 46 Die Inhalte nach dem Einfügen der Werte

Dabei ist es auffällig, dass für die Spalte p_id kein Wert eingegeben wurde. Trotzdem erscheint in der entsprechenden Spalte nun die Zahl 1. Das liegt an dem Attribut auto_increment. Dieses sorgt dafür, dass das DBMS hier selbstständig eine fortlaufende Nummer einfügt.

Als Aufgabe für den Leser bietet es sich nun an, die Werte für einige weitere Elektrowerkzeuge einzufügen. Dabei ist es auch einmal interessant, bei zwei verschiedenen Produkten die gleiche Artikelnummer zu verwenden. Daraufhin erscheint eine Fehlermeldung. Das liegt daran, dass dieses Feld mit dem Attribut unique versehen wurde. Das verhindert die Verwendung gleicher Werte.

12.4 Daten ändern

Häufig ist es notwendig, einen Wert zu ändern. Hierzu dient der Befehl UPDATE. Diesem folgt der Name der Tabelle, in der die Änderung vorgenommen werden soll. Daran schließt sich das Schlüsselwort SET an. Nun ist es erforderlich, die einzelnen Spalten, in denen ein Wert geändert werden soll, anzugeben. Darauf folgen ein Gleichheitszeichen und der neue Wert. Nun muss der Programmierer die Zeile bestimmen, in der die Änderung erfolgen soll. Das geht am einfachsten über die Indexnummer. Der folgende Eintrag ändert den Preis für die Bohrmaschine:

```
UPDATE os_produkt SET p_preis = 40.99 WHER  p_id = 1;
```

Dabei ist es möglich, mehrere Spalten mit einem einzigen Befehl anzupassen. In diesem Fall ist es notwendig, die einzelnen Einträge durch ein Komma zu trennen. Der folgende Eintrag ändert die Anzahl der verfügbaren Produkte und die Beschreibung:

```
UPDATE os_produkt SET p_beschreibung = 'Hochwertige Bohrmaschine
heute im Sonderangebot', p_anzahl = 11 WHR E p_produktname =
'Bohrmaschine';
```

In diesem Beispiel findet der Zugriff auf die Zeile nicht über den Index, sondern über den Produktnamen statt. Das soll verdeutlichen, dass hierfür der Inhalt jeder beliebigen Spalte herangezogen werden kann. Allerdings ist dabei große Vorsicht geboten, da es möglich ist, dass in mehreren Zeilen der gleiche Wert vorkommt. In diesen Fällen würde der Befehl die Einträge in allen betreffenden Zeilen neu erstellen.

Mit dem UPDATE-Befehl ist es auch möglich, leere Felder zu füllen. Sollte beispielsweise beim Eintrag eines neuen Produkts der Preis noch nicht feststehen, ist es möglich, dieses Feld leer zu lassen. Später kann der Anwender mit dem UPDATE-Befehl ganz einfach einen passenden Wert einfügen.

12.5 Daten löschen

Bei der Verwendung einer Datenbank kommt es immer wieder vor, dass ein Eintrag gelöscht werden muss. Wenn beispielsweise ein bestimmter Artikel nicht mehr hergestellt wird, ist es sinnvoll, ihn vollständig aus der Datenbank zu entfernen. Das ist mit dem Befehl DELETE möglich.

Um eine Zeile einer Tabelle zu löschen, muss der Programmierer den Begriff DELETE FROM gefolgt vom Namen der Tabelle einfügen. Darauf folgt der Schlüsselbegriff WHERE. Abschließend ist es notwendig, eine Bedingung einzugeben. Hierfür bietet sich wieder die Index-Nummer an. Mit der Bedingung p_id = 2 lässt sich beispielsweise die Zeile mit dem Index 2 komplett löschen. Der vollständige Befehl für diese Operation sieht folgendermaßen aus:

12

```
DELETE FROM os_produkt WHERE p_id= 2;
```

In einigen Fällen ist es erforderlich, mehrere Zeilen zu löschen. Dafür ist nicht jedes Mal ein eigener Befehl notwendig. Dies lässt sich mit dem Zusatz IN verwirklichen. Danach müssen in Klammern die Index-Nummern aller Zeilen stehen, die entfernt werden sollen. Um die Zeilen 1, 4 und 7 zu löschen, wäre beispielsweise folgender Befehl notwendig:

```
DELETE FROM os_produkt WHERE p_id IN (1, 4, 7);
```

Beim Löschen von Daten ist der Begriff WHERE von großer Bedeutung. Wenn der Programmierer diesen vergisst, löscht der Befehl alle Einträge der gesamten Tabelle. Das ist nicht mehr rückgängig zu machen und kann einen schwerwiegenden Datenverlust zur Folge haben.

Wenn der `DELETE`-Befehl ohne eine Bedingung eingegeben wird, löscht er zwar alle Einträge, die Tabelle bleibt jedoch mit ihrer grundlegenden Struktur bestehen. Wenn sie komplett entfernt werden soll, ist der Befehl `DROP` notwendig. Mit `DROP TABLE os_produkt;` lässt sich die komplette Tabelle entfernen.

Mit diesem Befehl ist es auch möglich, die gesamte Datenbank zu entfernen. Hierfür ist der Befehl `DROP DATABASE onlineshopDB;` notwendig.

12.6   Zugriffsrechte verwalten

Einer der großen Vorteile bei der Verwendung von Datenbanken besteht darin, dass sich hierbei die Zugriffsrechte sehr detailliert vergeben lassen. Wenn beispielsweise später ein PHP-Programm erstellt wird, das mit der Datenbank arbeitet, ist es notwendig, dass dieses einen Nutzernamen angibt und sich identifiziert. Durch die Zuweisung von Rechten lässt sich genau festlegen, welche Aktionen das Programm durchführen darf. Das führt zu einer hohen Sicherheit.

Um Rechte zu vergeben, ist es zunächst notwendig, einen Benutzer hinzuzufügen. Das geschieht mit dem Befehl:

```
CREATE USER 'benutzer'@'localhost' IDENTIF ED BY 'passwort';
```

Dabei muss der Programmierer die Begriffe 'benutzer' und 'passwort' durch den gewünschten Benutzernamen und das entsprechende Passwort ersetzen.

Im nächsten Schritt ist es möglich, dem neuen Nutzer bestimmte Rechte zuzuweisen. Das geschieht mit dem Begriff `GRANT`. Danach folgt die Beschreibung der Rechte gefolgt vom Schlüsselbegriff `ON`. Nun ist es notwendig, einzutragen, auf welche Datenbank sich die Rechtevergabe bezieht. Schließlich müssen der Begriff TO und der entsprechende Benutzername eingefügt werden. Dieser Befehl kann folgendermaßen aussehen:

```
GRANT ALL PRIVILEGES ON onlineshopDB . * TO 'benutzer'@'localhost';
```

Wenn hierbei der Ausdruck ALL PRIVILEGES erscheint, werden alle Rechte an der Datenbank übergeben. Es ist jedoch auch möglich, nur bestimmte Rechte zu vergeben – beispielsweise für die Befehle CREATE, DELETE, INSERT oder UPDATE. Dazu ist es lediglich notwendig, die entsprechenden Befehle anstatt des Ausdrucks ALL PRIVILEGES einzufügen.

Auch die Symbole . * hinter dem Namen der Datenbank benötigen eine Erklärung. Diese haben zur Folge, dass die neuen Rechte für die gesamte Datenbank gelten. Anstatt des Sterns ist es jedoch auch möglich, den Namen einer Tabelle einzufügen. Steht hier onlineshopDB . os_produkt, erhält der Nutzer die Rechte nur für den Umgang mit dieser Tabelle.

Um Rechte zu entziehen, kommt der Befehl REVOKE zum Einsatz. Dessen Syntax ist fast gleich aufgebaut, wie beim Befehl GRANT. Allerdings muss anstelle des Begriffs TO der Ausdruck FROM verwendet werden. Wenn es beispielsweise notwendig ist, dem Nutzer die Rechte für den Befehl DELETE an der Tabelle os_produkt zu entziehen, kommt dafür der Befehl zum Einsatz:

```
REVOKE DELETE ON onlineshopDB.os_produkt FROM 'benutzer'@ localhost';
```

12.7 Übung: Eine Tabelle in MySQL anlegen

1. Erstellen Sie mit SQL-Befehlen eine neue Tabelle innerhalb der Datenbank onlineshopDB. Diese soll die Kundendaten erfassen. Sie soll daher einen Index, eine Kundennummer, den Vornamen, den

Nachnamen, die Straße, die Hausnummer und eine Telefonnummer enthalten. Überlegen Sie sich, welche Datentypen dafür verwendet werden sollten.

2. Denken Sie sich einige Namen und Adressen aus und füllen Sie die Tabelle mit Inhalten.

3. Ändern Sie die Hausnummer des Kunden in der ersten Zeile ab.

Lösungen:

1.

```
CREATE TABLE os_kunden
    (k_id integer unsigned not null auto_increment primary key,
    k_kundennummer integer unsigned not null unique,
    k_name varchar(40),
    k_vorname varchar(40),
    k_strasse varchar(60),
    k_hausnummer smallint unsigned,
    k_telefonnummer integer unsigned);
```

Für die nummerischen Werte kommen Integer-Variablen zum Einsatz. Da hierbei keine negativen Werte auftreten, ist es möglich, diese als unsigned zu definieren. Lediglich bei der Hausnummer wurde der Typ smallint gewählt, da diese in der Regel keine sehr hohen Werte annimmt. Für alle Texte kommen Einträge des Typs varchar mit einer passenden Länge zum Einsatz. Hierbei handelt es sich jedoch nur um einen Lösungsvorschlag. Es ist auch möglich, andere Typen zu verwenden.

2.

```
INSERT INTO os_kunden (k_kundennummer, k_name, k_vorname, k_strasse,
k_hausnummer, k_telefonnummer) VALUES (2001 , 'Schulz', 'Michael',
'Bahnhofstraße', 23, 0123 6789);
```

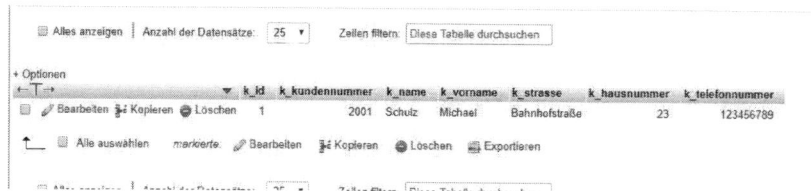

Screenshot 47 Die Anzeige der Einträge in die Tabellen

Nach dem gleichen Muster ist es möglich, viele weitere Kunden mit verschiedenen persönlichen Daten hinzuzufügen.

3.

```
UPDATE os_kunden SET k_hausnummer = 22 WHE E k_id = 1;
```

Alle Programmcodes aus diesem Buch sind als PDF zum
Download verfügbar. Dadurch müssen Sie sie nicht abtippen:
https://bmu-verlag.de/books/php-mysql/

Außerdem erhalten Sie die eBook Ausgabe zum Buch im
PDF Format kostenlos auf unserer Website:

https://bmu-verlag.de/books/php-mysql/
Downloadcode: siehe Kapitel 18

Kapitel 13
Weitere wichtige SQL-Funktionen

Das vorherige Kapitel beschrieb die wesentlichen Grundlagen der Datenbanksprache SQL. Dabei wurden Funktionen zum Erstellen von Datenbanken sowie zum Einfügen, Ändern oder Löschen von Einträgen vorgestellt. Für die Bearbeitung von Daten sind diese Befehle unverzichtbar. Es gibt in SQL jedoch noch viele weitere Funktionen, die weit über diese Möglichkeiten hinausgehen. Das folgende Kapitel stellt einige Befehle vor, die bei der Verwendung von SQL-Datenbanken noch viele weitere Anwendungen erlauben.

Die folgenden Erklärungen verwenden als Beispiel die Tabelle os_kunden, die in der vorhergehenden Übungsaufgabe erstellt wurde. Sollte diese noch nicht bestehen, ist es daher sinnvoll, sie anhand der angegebenen Lösungswege zu erstellen und mit einigen Inhalten zu füllen. Auf diese Weise kann der Leser die beschriebenen Befehle selbst ausprobieren.

13.1 Teilmengen der Datensätze auswählen

Beim Umgang mit Datenbanken ist es nicht nur notwendig, Daten in die Tabellen einzutragen, sie zu verändern oder zu löschen. Darüber hinaus ist es sehr wichtig, die Werte abzufragen. Wenn beispielsweise eine Internetseite ihre Inhalte über eine Datenbank bezieht, muss sie dafür viele verschiedene Einträge abfragen. Dafür kommt der Befehl SELECT zum Einsatz. Dieser wählt bestimmte Felder aus und gibt deren Werte wieder.

Um die Inhalte einer ganzen Tabelle anzuzeigen, kommt folgender Befehl zum Einsatz:

```
SELECT * FROM os_kunden;
```

Der Stern gibt dabei an, dass alle Einträge in der entsprechenden Tabelle angezeigt werden sollen. Nach dem Schlüsselwort FROM folgt der Name der Tabelle. Allerdings ist es nicht immer erwünscht, alle vorhandenen Werte abzurufen. Häufig ist nur ein kleiner Teil von ihnen erforderlich. Daher bietet der SELECT-Befehl die Möglichkeit, ganz konkrete Teilmengen auszuwählen.

Hierfür ist es möglich, den Stern durch den Namen einer Spalte zu ersetzen. Der Befehl SELECT k_name FROM os_kunden; gibt beispielsweise alle Einträge in der Spalte Name wieder. Dabei ist es nicht nur möglich, eine Angabe zu machen. Der Programmierer kann auch mehrere Spalten angeben. Diese müssen durch ein Komma abgetrennt werden:

```
SELECT k_kundennummer, k_name, k_vorname FROM os_kunden;
```

Mit den bisher vorgestellten Befehlen ist es möglich, die Werte in einer oder in mehreren Spalten abzurufen. Allerdings ist es häufig notwendig, den Inhalt einer ganz bestimmten Zelle zu verwenden. Zu diesem Zweck ist es notwendig, auch noch die passende Zeile anzugeben. Dafür kommt in der Regel wieder die Index-Variable zum Einsatz. Zuvor muss der Schlüsselbegriff WHERE stehen:

```
SELECT k_name FROM os_kunden WHERE k_id = 2;
```

Dieser Befehl gibt den Namen des Kunden zurück. Der in der zweiten Zeile der Tabelle abgespeichert ist.

Bei diesen Abfragen ist es auch möglich, logische Operatoren zu verwenden. Häufig kommt dabei beispielsweise das logische Oder zum Einsatz. Dieses wird in SQL durch den Begriff OR dargestellt. Damit lassen sich ganz einfach Einträge aus mehreren Zeilen abfragen. Der folgende Befehl gibt beispielsweise die Werte der dritten und der vierten Zeile zurück:

13

```
SELECT k_name FROM os_kunden WHERE k_id = 3 OR k_id=4;
```

Dabei ist es auch möglich, das logische Und zu verwenden. Wann das sinnvoll ist, soll ein Beispiel anhand folgender Tabelle verdeutlichen:

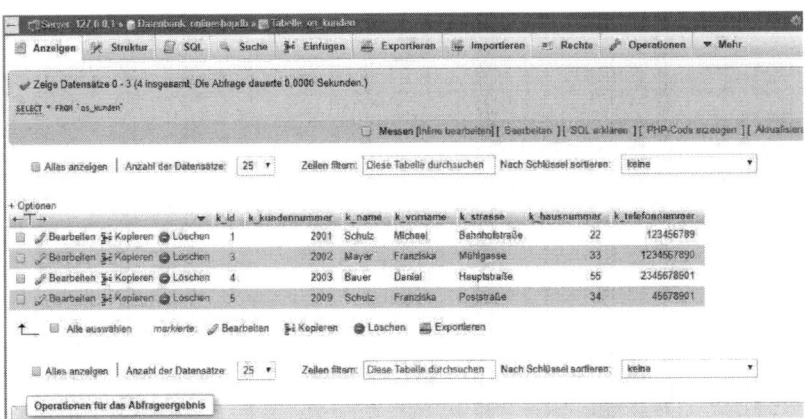

Screenshot 48 Die Tabelle mit den Daten der Kundendaten

In diesem Beispiel steht einem Verkäufer der Name der Kundin Franziska Schulz zur Verfügung und er benötigt deren Kundennummer. Wenn er diesen Eintrag nun lediglich anhand des Nachnamens abruft, führt das zu keinem eindeutigen Ergebnis, da auch ein Eintrag für Michael Schulz vorhanden ist. Das gleiche Ergebnis tritt bei der Suche anhand des Vornamens auf, da auch die Kundin Franziska Mayer in der Datenbank enthalten ist. Um zur gewünschten Kundennummer zu gelangen, ist daher folgender Befehl notwendig:

```
SELECT k_kundennummer FROM os_kunden WHERE k_name = 'Schulz' AND k_
vorname = 'Franziska';
```

Dieser verwendet den logischen Operator AND. Das führt dazu, dass nur Einträge angezeigt werden, bei denen sowohl der Vor- als auch der Nachname mit den entsprechenden Werten übereinstimmen.

13.2 Anzahl der Einträge feststellen

Für viele Programme ist es nicht nur notwendig, die Inhalte abzurufen. Oftmals ist es auch erforderlich, herauszufinden, wie viele Einträge in einem bestimmten Bereich vorhanden sind. Damit lassen sich nicht nur verschiedene statistische Werte zu den Daten ermitteln. Darüber hinaus sind diese Werte auch hilfreich, um verschiedene weitere Operationen innerhalb der Programme durchzuführen.

Auch für diese Funktion kommt die SELECT-Funktion zum Einsatz. Allerdings muss danach der Zusatz COUNT gefolgt vom Namen der entsprechenden Spalte stehen. Schließlich ist es erforderlich, den Befehl FROM und den Namen der Tabelle einzufügen:

```
SELECT COUNT(k_name) FROM os_kunden;
```

Dieser gibt die Anzahl aller Einträge zurück, die in der Tabelle os_kunden in der Spalte k_name enthalten sind. Doch auch hierbei ist es möglich, bestimmte Teilmengen festzulegen. Zu diesem Zweck kommt wieder der Befehl WHERE zum Einsatz. Darin lassen sich verschiedene Bedingungen vorgeben. Um beispielsweise alle Kunden mit dem Nachnamen Schulz zu ermitteln, ist folgender Befehl erforderlich:

```
SELECT COUNT(k_name) FROM os_kunden WHERE k_name ='Schulz';
```

Dieser Befehl erlaubt es nicht nur, die Einträge aus der Spalte heranzuziehen, die in der Klammer nach dem COUNT-Befehl genannt wurde. Es ist beispielsweise auch möglich, den Befehl SELECT COUNT(k_name) FROM os_kunden WHERE kv_orname = 'Michael'; zu verwenden. Dieser führt ebenfalls zum richtigen Ergebnis, obwohl darin zwei verschiedene Spalten genannt werden. Auch hierbei ist es möglich, logische Operatoren einzufügen. Auf diese Weise lassen sich nicht nur Einträge mit verschiedenen Werten zusammenzählen. Darüber hinaus bieten sich diese Operatoren dazu an, festzustellen, wie oft eine be-

13

155

stimmte Kombination – beispielsweise aus Vor- und Nachnamen – vorhanden ist.

13.3 In Zellen gespeicherte Werte addieren

In vielen Fällen ist es nicht nur notwendig, die Anzahl der Felder zu kennen, die eine bestimmte Bedingung erfüllen. Wenn sich darin Zahlen befinden, ist es häufig auch erforderlich, die Inhalte zusammenzuzählen. In der Datenbank os_kunden befinden sich zwar einige Spalten mit nummerischen Werten, doch ist es dabei nicht sinnvoll, die Werte zu addieren. Die Summe der Haus-, Telefon- oder Kundennummern bringt in der Regel keinen Erkenntnisgewinn mit sich. Um diese Funktion dennoch an einem sinnvollen Beispiel erklären zu können, soll an dieser Stelle zunächst ein weiterer wichtiger Befehl eingeführt werden, der die Struktur einer Tabelle oder eines anderen Elements der Datenbank verändern kann. Hierfür kommt folgende Befehlszeile zum Einsatz:

```
ALTER TABLE os_kunden ADD COLUMN k_bestellte_artikel integer
unsigned;
```

Der Begriff ALTER findet immer dann Verwendung, wenn grundlegende Struktur eines Elements der Datenbank geändert werden soll. Danach folgt die Art des betreffenden Elements. Da in diesem Fall eine Tabelle um eine zusätzliche Spalte erweitert werden soll, steht hier der Schlüsselbegriff TABLE. Danach folgt der Name der Tabelle und schließlich der Befehl ADD COLUMN. Dieser fügt eine weitere Spalte zur Tabelle hinzu. Genau wie bei der ursprünglichen Definition müssen nun der Name der Spalte, der Variablentyp und falls benötigt die entsprechenden Attribute eingefügt werden. Mit dem oben genannten Befehl erhält die Tabelle eine zusätzliche Spalte mit dem Namen k_bestellte_artikel. Als Übung für den Leser bleibt an dieser Stelle, diese Spalte mit dem UPDATE-Befehl mit Inhalten zu füllen.

Nachdem die entsprechende Spalte hinzugefügt wurde, ist es möglich, die Inhalte der gesamten Spalte zu addieren. Auf diese Weise kann der Onlineshopbetreiber überprüfen, wie viele Artikel die entsprechenden Kunden bestellt haben. Hierfür ist folgender Befehl notwendig:

```
SELECT SUM(k_bestellte_artikel) FROM os_kunden;
```

Der Befehl SELECT SUM erstellt die Summe der Inhalte der ausgewählten Felder. Danach folgt in Klammern die Spalte, auf die sich der Befehl bezieht. Nach dem Schlüsselbegriff FROM steht die Tabelle, aus der die Werte herangezogen werden sollen.

Dieser Befehl lässt es auch zu, die Ergebnisse weiter einzuschränken. Für die Auslieferung der Artikel kann es beispielsweise wichtig sein, die Anzahl der bestellten Produkte zu kennen, bei denen der Empfänger in einer bestimmten Stadt oder in einer bestimmten Straße wohnt. Auch diese Auswahl ist mit SQL ganz einfach. Dazu müssen hinter der Funktion der bereits bekannte Schlüsselbegriff WHERE und eine Bedingung stehen:

```
SELECT SUM(k_bestellte_artikel) FROM os_kunden WHERE
k_strasse = 'Bahnhofstraße';
```

13

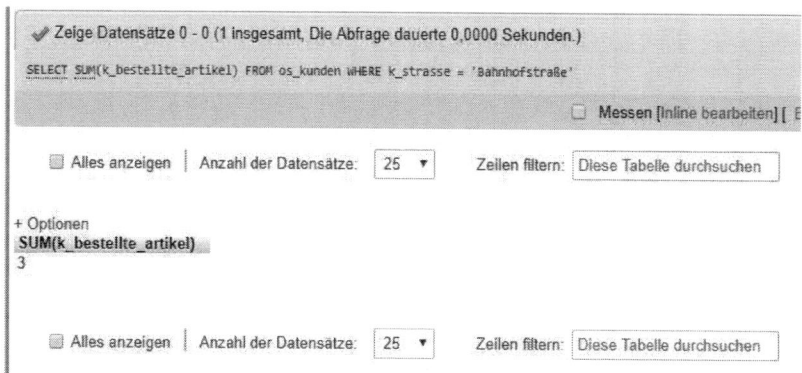

Screenshot 49 So gibt phpMyAdmin das Ergebnis der Summenfunktion aus.

13.3   Einfache mathematische Operationen mit SQL ausführen

Die Datenbanksprache SQL versteht nicht nur verschieden Befehle zur Erstellung von Tabellen und zur Bearbeitung der darin befindlichen Daten. Darüber hinaus ist es möglich, elementare mathematische Berechnungen durchzuführen. Für diese einfachen Rechenoperationen bietet sich der Befehl SELECT an. Wenn der Programmierer beispielsweise die Zeile SELECT 2+3; einfügt, erhält er als Rückgabewert das Ergebnis 5. Auf die gleiche Weise lassen sich Subtraktionen, Multiplikationen und Divisionen durchführen. Die Operatoren sind dabei die gleichen wie bei PHP.

Mathematische Operationen lassen sich auch problemlos in die verschiedenen Befehle einbauen. Um eine bestimmte Zeile zu adressieren, ist es nicht unbedingt notwendig, die Indexnummer direkt einzugeben. Diese kann auch das Ergebnis einer mathematischen Operation sein:

```
UPDATE os_kunden SET k_hausnummer = 22 WHE E k_id = 1+2;
```

Dieser Befehl ändert die Hausnummer in der Spalte mit der Indexnummer 3, da dies das Ergebnis aus dem Term 1+2 ist.

Mathematische Operationen kommen auch sehr häufig zum Einsatz, um den Wert einer bestimmten Zelle zu erhöhen oder zu erniedrigen. In einem Onlineshop kommt es beispielsweise häufig vor, dass ein Kunde einen weiteren Artikel bestellt. In diesem Fall ist es notwendig, den Wert der Spalte k_bestellte_artikel um eine Einheit zu erhöhen. Zu diesem Zweck ist es möglich, folgenden Befehl zu verwenden:

```
UPDATE os_kunden SET k_bestellte_artikel = k_bestellte_artikel + 1
WHERE k_id = 3;
```

An diesem Befehl wird deutlich, dass SQL die Namen der Felder ähnlich wie Variablen in einer Programmiersprache nutzt. Um die Inhalte zu verändern, ist es möglich, einen Rechenausdruck zu verwenden, in dem der Feldname auf seinen bisherigen Wert Bezug nimmt.

13.4 Übung: Informationen aus einem Warenbestand abrufen

1. Wechseln Sie für die folgenden Aufgaben wieder zur Tabelle os_produkt, die im Kapitel 12 erstellt wurde. Sollte diese nicht mehr vorhanden oder leer sein, erstellen Sie sie nach den hierfür gemachten Vorgaben und füllen Sie die einzelnen Felder mit Inhalt.

   In der folgenden Aufgabe will der Shopbetreiber ermitteln, bei welchen Artikeln er eine Nachbestellung durchführen muss. Zu diesem Zweck sollen Sie einen SQL-Befehl schreiben, der die Artikelnummer der Produkte ermittelt, bei denen weniger als zehn Einheiten vorhanden sind.

2. Darüber hinaus will der Händler wissen, bei wie vielen Produkten der Bestand auf 0 gesunken ist, um die entsprechenden Angebote aus dem Sortiment zu nehmen. Geben Sie einen SQL-Befehl an, mit dem es möglich ist, die Anzahl der Artikel zu ermitteln, die nicht mehr vorrätig sind.

3. Da die Kapazitäten in seinem Lager begrenzt sind, will der Händler Produkte, die in sehr hoher Zahl vorhanden sind, an einem anderen Ort aufbewahren. Um herauszufinden, wie viele Artikel davon betroffen sind, soll ein SQL-Befehl erzeugt werden, der die Summe aller Einheiten wiedergibt, von denen mindestens 30 Stück vorrätig sind.

4. Nun ist eine neue Warenlieferung angekommen, die 25 Bohrmaschinen enthält. Erzeugen Sie einen SQL-Befehl, der die Anzahl der vorrätigen Einheiten für dieses Produkt entsprechend anpasst.

13

Lösungen:

1. SELECT p_artikelnummer FROM `os_produkt` WHERE p_anzahl < 10;

2. SELECT COUNT(p_anzahl) FROM os_produkt WHERE p_anzahl = 0;

3. SELECT SUM(p_anzahl) FROM os_produkt WHERE p_anzahl >= 30;

4. UPDATE os_produkt SET p_anzahl = p_anzahl + 25 WHERE p_produktname = 'Bohrmaschine';

Kapitel 14
SQL-Datenbank in PHP einbinden

In den bisherigen Kapiteln wurden die SQL-Befehle für die Erstellung und die Manipulation der Datenbanken direkt über phpMyAdmin eingegeben. Diese Methode kommt in der Praxis jedoch nur sehr selten zum Einsatz. Die Benutzeroberfläche verfügt auch über Möglichkeiten, um die entsprechenden Aktionen ohne SQL durchzuführen. Das ist deutlich einfacher und in der Regel auch schneller. Die bisher verwendete Methode diente lediglich dazu, verschiedene SQL-Befehle kennenzulernen und den Umgang damit zu üben.

Obwohl es beim direkten Zugriff auf die Datenbank praktische Alternativen zur Verwendung von SQL-Abfragen gibt, ist es sehr wichtig, die entsprechenden Begriffe zu erlernen und zu verinnerlichen. Das liegt daran, dass in sehr vielen Anwendungsfällen der Zugriff auf die Datenbank nicht über phpMyAdmin erfolgt, sondern über ein PHP-Programm. Das erlaubt es, die entsprechenden Prozesse zu automatisieren, sodass die Software die Daten selbstständig aus der Datenbank abfragt oder sie darin einträgt. Für die Kommunikation zwischen dem PHP-Programm und der Datenbank kommt SQL zum Einsatz. Aus diesem Grund sind die Befehle, die in den vorherigen Kapiteln vorgestellt wurden, unverzichtbare Werkzeuge für PHP-Programmierer.

Die folgenden Abschnitte stellen vor, auf welche Weise sich eine Datenbank mit einem PHP-Programm verbinden lässt. Darüber hinaus erklären sie, wie die SQL-Befehle in die Software eingebunden werden, um eine reibungslose Kommunikation mit der Datenbank zu ermöglichen.

14.1   Das PHP-Programm mit einer Datenbank verbinden

Um über ein PHP-Programm auf eine Datenbank zuzugreifen, ist es notwendig, sich zu authentifizieren – das heißt, sich mit einem Benutzernamen und mit einem Passwort anzumelden. Hierzu ist es zunächst notwendig, über phpMyAdmin einen Benutzernamen zu erzeugen und diesem alle Rechte zuzuweisen. Wie dies funktioniert, wurde im Kapitel 12.6 erläutert. Nach diesem Verfahren soll für die folgenden Programme ein Nutzer mit dem Namen user1 und dem Passwort abc erstellt werden. Bei realen Anwendungen, die nicht nur zu Übungszwecken dienen, ist es selbstverständlich sinnvoll, kein derart einfaches Passwort zu wählen, um die Sicherheit zu gewährleisten.

Im nächsten Schritt ist es notwendig, eine Verbindung zwischen dem PHP-Programm und der Datenbank herzustellen. Hierfür gibt es mehrere Möglichkeiten. Im ersten Beispiel soll eine sehr einfache Methode vorgestellt werden. Dies dient der Veranschaulichung, obwohl dieses Verfahren in der Praxis in der Regel nicht zum Einsatz kommt. Danach wird eine weitere Möglichkeit präsentiert, die zwar etwas abstrakter ist, die jedoch bei der Bearbeitung viele Vorteile bietet.

Für das erste Beispiel kommen mysqli-Funktionen zum Einsatz. Damit ist es möglich, die Verbindung zu einer Datenbank zu erstellen und verschiedene Befehle einzugeben. Zunächst ist es notwendig, die Verbindung herzustellen. Hierzu dient der Befehl mysqli_connect(). Dieser gibt genau wie beim Öffnen einer Datei ein Handle zurück. Dieses muss in einer Variablen aufgefangen werden. Dieses Beispiel verwendet dafür den Namen $dbh – als Abkürzung für Data Base Handle. In der Klammer stehen zunächst der Host und anschließend der Benutzername, das Passwort sowie der Name der betreffenden Datenbank. Auf diese Weise ergibt sich folgendes Programm:

```
<?php
$dbh = mysqli_connect("localhost", "user1", "abc", "onlineshopDB");

if (mysqli_connect_errno())
```

```
{
    print "Keine Verbindung zur Datenbank möglich: " . mysqli_
    connect_error();
}

else
{
    print "Verbindung erfolgreich hergestellt.";
}

mysqli_close($dbh);
?>
```

Nachdem der Befehl für die Verbindung erstellt wurde, ist es sinnvoll, zu überprüfen, ob dieser Vorgang erfolgreich durchgeführt wurde. Dazu dient die darauf folgende if-Abfrage. Sollte es hierbei zu einem Fehler kommen, gibt die Funktion mysqli_connect_errno() den Wert true zurück. In diesem Fall ist es wichtig, eine Fehlermeldung zu erzeugen. Wenn der entsprechende Nutzer über phpMyAdmin richtig erstellt wurde und wenn alle Daten korrekt eingetragen wurden, sollte die Meldung "Verbindung erfolgreich hergestellt." erscheinen. Zu Übungszwecken ist es sinnvoll, einmal den Nutzernamen oder das Passwort auf einen ungültigen Wert abzuändern. Wenn nun das Programm ausgeführt wird, erscheint eine entsprechende Fehlermeldung. Nachdem das Programm beendet wurde, ist es wichtig, die Verbindung durch den Befehl mysqli_close() wieder zu schließen.

In der Praxis kommt diese Methode nur sehr selten zum Einsatz. Der Grund dafür besteht in erster Linie darin, dass hierbei für die einzelnen Befehle häufig sehr viel Programmcode notwendig ist, der sich häufig wiederholt. Es gibt jedoch Methoden, die ein etwas höheres Abstraktionsniveau aufweisen und die daher viele Aufgaben deutlich einfacher gestalten. Ein Beispiel hierfür ist PDO. Diese Abkürzung steht für PHP Database Object.

Um ein Handle für eine Datenbank mit PDO zu erzeugen, ist lediglich folgende Befehlszeile notwendig:

14

```
$dbh = new PDO ("mysql:dbname=onlineshopDB host=localhost",
"user1", "abc");
```

Da es sich hierbei um ein Objekt handelt, muss dieses mit dem Schlüsselbegriff "new" erzeugt werden. Die hierfür notwendige Klasse PDO ist bereits in der PHP-Bibliothek gespeichert, sodass der Anwender sich nicht darum kümmern muss. In der Klammer steht zunächst der Schlüsselbegriff mysql:dbname= gefolgt vom Namen der Datenbank. Von einem Semikolon abgetrennt folgt der Begriff host=localhost. Anschließend stehen der Nutzername und das Passwort – jeweils durch ein Komma abgetrennt.

Das vollständige Programm für die Verbindung mit der Datenbank sieht wie folgt aus:

```
<?php
try
{
        $dbh = new PDO ("mysql:dbname=onlineshopDB host=localhost",
        "user1", "abc");
        print "Verbindung erfolgreich hergestellt.";
        $dbh = null;
}
catch(PDOException $e)
{
        print $e->getMessage();
}
?>
```

Auch bei der Verwendung von PDO ist es sinnvoll, zu überprüfen, ob die Verbindung erfolgreich war. Das geschieht hierbei jedoch nicht mit einer if-Abfrage, sondern durch eine Ausnahmebehandlung. Dafür kommt der Schlüsselbegriff try zum Einsatz. Wenn die Befehle in der darauffolgenden geschweiften Klammer keine Probleme bereiten, führt der Interpreter sie ganz normal durch. Sollte dies jedoch nicht der Fall sein – weil keine Verbindung zur Datenbank möglich war – erstellt er eine Ausnahme. Diese muss anschließend durch den Begriff catch aufgefangen werden. Die hierfür verwendeten Befehle können an dieser Stelle nicht weiter erläutert werden. Nur so viel sei gesagt: Sie führen dazu, dass eine passende Fehlermeldung erscheint, wenn die Verbindung nicht möglich war.

Darüber hinaus ist der Befehl $dbh = null; zu erklären. Wie bereits in einem der vorherigen Kapitel erklärt, bedeutet der Begriff null in der Informatik, dass überhaupt kein Wert vorhanden ist. Indem dem Handle der Wert null zugewiesen wird, wird es zerstört. Das PDO beendet daraufhin die Verbindung automatisch.

14.2 Die Datenbank füllen

Im folgenden Abschnitt soll eine Datenbank mit Inhalten gefüllt werden. Dabei werden zu Beginn nochmals die mysqli-Funktionen verwendet, da diese besonders anschaulich sind. Danach sollen die gleichen Schritte jedoch auch mit PDO durchgeführt werden, um zu zeigen, wie ein derartiges Programm in der Praxis aussehen könnte.

Zunächst ist es notwendig, eine neue Tabelle zu erstellen. Diese soll den Namen os_bestellungen erhalten und alle offenen Bestellungen enthalten. Analog zur im Kapitel 12.2 vorgestellten Methode muss dafür folgender SQL-Befehl zum Einsatz kommen:

```
CREATE TABLE os_bestellungen
(b_id integer unsigned not null auto_increment primary key,
    b_artikelnummer integer unsigned not null,
    b_kundennummer integer unsigned not null,
    b_preis decimal(7,2) unsigned not null,
    b_anzahl integer unsigned);
```

Nun ist es notwendig, diesen Befehl an die Datenbank zu übermitteln. Das geschieht mit dem Befehl mysqli_query(). In der Klammer steht zunächst der Name des Handles und dann in Anführungszeichen der entsprechende SQL-Befehl. Da dieser in diesem Beispiel sehr lang ist, ist es sinnvoll, ihn mithilfe des Punktoperators auf mehrere Programmzeilen zu verteilen.

```php
<?php

$dbh = mysqli_connect("localhost", "user1", "abc", "onlineshopDB");

if (mysqli_connect_errno()
{
print "Keine Verbindung zur Datenbank möglich: " . mysqli_connect_
error();
}

else
{
    print "Verbindung erfolgreich hergestellt.";
    mysqli_query($dbh, "CREATE TABLE os_bestellungen".
    "(b_id integer unsigned not null auto_increment primary key,".
    "b_artikelnummer integer unsigned not null,".
    "b_kundennummer integer unsigned not null,".
    "b_preis decimal(7,2) unsigned not null,".
    "b_anzahl integer unsigned);");
}

mysqli_close($dbh);
?>
```

Nach der Ausführung des Programms ist es empfehlenswert, zur Überprüfung nochmals phpMyAdmin aufzurufen. Bei der Auflistung der vorhandenen Tabellen in der Datenbank `onlineshopDB` sollte nun die neue Tabelle `os_bestellungen` erscheinen.

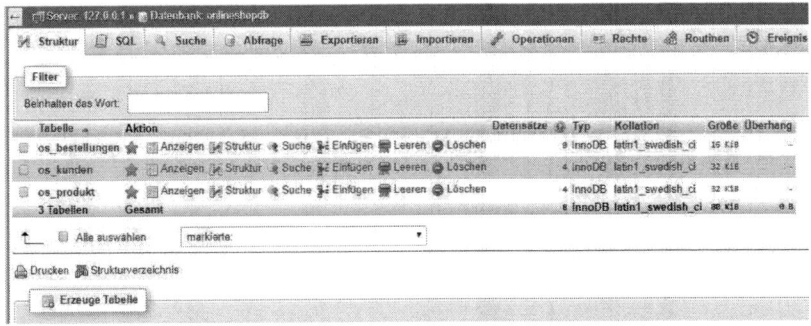

Screenshot 50 Die neue Tabelle os_bestellungen wurde über PHP eingefügt.

Nun ist es notwendig, die einzelnen Zellen zu füllen. Auch hierfür kommt der Befehl `mysqli_query` zum Einsatz. Es ändert sich dabei lediglich der verwendete SQL-Befehl:

```php
<?php
$dbh = mysqli_connect("localhost", "user1", "abc", "onlineshopDB");

if (mysqli_connect_errno())
{
    print "Keine Verbindung zur Datenbank möglich: " . mysqli_
    connect_error();
}
else
{
    print "Verbindung erfolgreich hergestellt.";
    mysqli_query($dbh, "INSERT INTO os_bestellungen ".
    "(b_artikelnummer, b_kundennummer, b_preis, b_anzahl)".
    "VALUES (1011, 2001, 45.99, 1);");
}

mysqli_close($dbh);
?>
```

Auch nach der Ausführung dieses Programms ist es hilfreich die entsprechende Tabelle in phpMyAdmin aufzurufen und zu überprüfen, ob die Einträge hinzugefügt wurden. Um mehrere Zeilen in die Tabelle einzufügen, ist es auch möglich, den `mysql_query`-Befehl mehrere Male in das Programm einzufügen und die Werte entsprechend anzupassen.

Im Folgenden sollen nun die eben beschriebenen Aktionen mit PDO durchgeführt werden. Um die Ergebnisse zu überprüfen, ist es empfehlenswert, die eben erstellte Tabelle manuell über phpMyAdmin wieder zu löschen. Bei der Verwendung von PDO ist es sinnvoll, den entsprechenden SQL-Befehl stets in einer Variablen zu speichern. Auf diese Weise sind nur minimale Anpassungen notwendig, um die Funktionen des Programms abzuändern.

Die Ausführung findet über die Methode query statt, die bereits standardmäßig in PDO definiert ist. Um diese auszuführen, kommt der bei Objekten übliche Befehl zum Einsatz (`$dbh->query`). Dabei ist es le-

diglich notwendig, den entsprechenden SQL-Befehl als Wert zu übergeben. Da dieser bereits in einer Variablen gespeichert wurde, muss der
Programmierer dafür nur den Variablennamen nennen:

```php
<?php
$sql ="CREATE TABLE os_bestellungen".
"(b_id integer unsigned not null auto_increment primary key,".
    "b_artikelnummer integer unsigned not null,".
    "b_kundennummer integer unsigned not null,".
    "b_preis decimal(7,2) unsigned not null,".
    "b_anzahl integer unsigned);";
try
{
    $dbh = new PDO ("mysql:dbname=onlineshopDB  host=localhost",
    "user1", "abc");
    print "Verbindung erfolgreich hergestellt.";
    $dbh->query($sql);
    $dbh = null;
}

catch(PDOException $e)
{
    print $e->getMessage();
}
?>
```

Mit PDO ist es auch relativ einfach, zu überprüfen, ob bei der Über-
mittlung der Daten ein Fehler aufgetreten ist. Dazu dient die Funktion
errorInfo(), die ebenfalls eine Methode von PDO ist und ein Array
zurückgibt. Das erste Feld enthält dabei einen SQL-Fehlercode. Sollte
keine Probleme aufgetreten sein, hat dieser den Wert 0. Daher wird der
Inhalt der if-Abfrage nur ausgeführt, wenn ein Fehler vorhanden ist.
Dabei wird das zweite Feld ausgegeben, das einen weiteren Fehlercode
enthält. Abschließend wird noch das dritte Feld angezeigt, das eine Beschreibung enthält. Die entsprechende Überprüfung soll im folgenden
Programm integriert werden. Um die Tabelle mit Inhalten zu füllen, ist
es lediglich notwendig, den Wert der Variablen $sql zu ändern. Alle üb-
rigen Bestandteile des Programms bleiben gleich:

```php
<?php
$sql = "INSERT INTO os_bestellungen ".
    "(b_artikelnummer, b_kundennummer, b_preis,
```

```
        b_anzahl) ".
        "VALUES (1011, 2001, 45.99, 1);";
try
{
        $dbh = new PDO ("mysql:dbname=onlineshopDB host=localhost",
        "user1", "abc");
        print "Verbindung erfolgreich hergestellt.";
        $dbh->query($sql);
        $error = $dbh->errorInfo();
        if ($error[0] > 0)
        {
                print "Fehlercode: " .$error[1]."<br>".$error[2];
        }

        $dbh = null;
}

catch(PDOException $e)
{
        print $e->getMessage();
}
?>
```

14.3 Einträge löschen oder ändern

Der vorhergehende Abschnitt hat gezeigt, dass für die Durchführung verschiedener SQL-Befehle immer die Methode `query` zum Einsatz kommt. Der einzige Unterschied besteht dabei im Inhalt der Variablen `$sql`. Auch für andere Aufgaben ist es daher ganz einfach, die entsprechenden Programme anzupassen. Dafür ist es lediglich notwendig, den Programmcode des letzten Beispiels zu kopieren. Daraufhin muss der Programmierer den Inhalt der Variablen `$sql` mit einem neuen SQL-Befehl füllen. Wie dieser zum Ändern oder zum Löschen von Einträgen gestaltet sein muss, wurde bereits in Kapitel 12 erklärt. Um die gewünschten Aktionen durchzuführen, ist es nur notwendig, diese Befehle an die Tabelle, die in diesem Beispiel zum Einsatz kommt, anzupassen und daraufhin der Variablen `$sql` zuzuweisen. Um die erste Zeile zu löschen, wäre folgende Zuweisung notwendig:

```
$sql = "DELETE FROM os_bestellungen WHERE p_id= 1;";
```

Auch zum Ändern des Inhalts einer Zelle ist es lediglich notwendig, den Inhalt dieser Variable anzupassen. Wenn der Kunde ein zusätzliches Produkt bestellt hat, muss der Programmierer folgenden Wert in der Variablen abspeichern:

```
$sql = "UPDATE os_bestellungen SET b_anzahl = b_anzahl + 1 WHERE  b_
id = 1;";
```

14.4 Daten abfragen

Häufig beziehen Internetseiten ihre Inhalte aus Datenbanken. Aus diesem Grund ist es sehr oftmals notwendig, die entsprechenden Einträge aufzurufen. Auch dies ist mit der Methode query() möglich. Allerdings reicht es hierbei nicht aus, den entsprechenden SQL-Befehl einfach auszuführen. Darüber hinaus ist es notwendig, die Inhalte der Zellen in Variablen zu speichern oder direkt auf dem Bildschirm auszugeben.

Eine Möglichkeit besteht darin, hierfür eine foreach-Schleife zu verwenden. Die Datenbankabfrage wird dabei wie ein Array behandelt und direkt in die Bedingung der Schleife eingefügt. Danach ist es möglich, auf die einzelnen Inhalte zuzugreifen. Das geschieht durch den Namen der entsprechenden Spalte:

```
<?php
$sql = "SELECT b_preis FROM os_bestellungen;";

try
{
    $dbh = new PDO ("mysql:dbname=onlineshopDB  host=localhost",
    "user1", "abc");
    print "Verbindung erfolgreich hergestellt.<br>\n";

    $ergebnis = array();
    $i = 0;
    foreach ($dbh->query($sql) as $inhalt)
    {
        print "Inhalt der Zelle: " .$inhalt['b_preis']."<br>\n";
        $ergebnis[$i] = $inhalt['b_preis'];
        $i++;
```

```
     }
     $error = $dbh->errorInfo();
     if ($error[0] > 0)
     {
           print "Fehlercode: " .$error[1]."<br>".$error[2];
     }

     $dbh = null;
}

catch(PDOException $e)
{
     print $e->getMessage();
}
?>
```

Verbindung erfolgreich hergestellt.
Inhalt der Zelle: 45.99
Inhalt der Zelle: 21.49
Inhalt der Zelle: 12.99

Screenshot 51 So sieht die Ausgabe des Programms auf dem Bildschirm aus.

Darüber hinaus gibt es noch eine etwas einfachere Möglichkeit, um die Werte zu speichern und auszugeben. Dazu dient die PDOstatement-Methode fetchAll(). Diese erzeugt ein Array, das alle Ergebnisse der Abfrage enthält. Hierfür ist es zunächst erforderlich, die Abfrage mit dem query()-Befehl auszuführen. Dies geschieht im Gegensatz zum vorherigen Beispiel jedoch nicht innerhalb einer foreach-Schleife. Dabei ist es wichtig, das Rückgabeergebnis in einer Variablen zu speichern. Der dafür notwendige Befehl sieht daher wie folgt aus:

```
$rueckgabe = $dbh->query($sql);
```

Auf den Rückgabewert, der in der Variablen $rueckgabe abgespeichert ist, wird daraufhin die Methode fetchAll() angewendet:

```
$ergebnis = $rueckgabe->fetchAll(PDO::FETH _ASSOC);
```

Das Ergebnis wird daraufhin in einem Array mit dem Namen $ergebnis gespeichert. Dabei handelt es sich stets um ein zusammengesetztes Array, bei dem der erste Index nummerisch aufgebaut ist. In diesem Fall ist der zweite Index assoziativ und entspricht dem Spaltennamen. Dafür sorgt der Ausdruck PDO::FETCH_ASSOC, die in Klammern hinter dem fetchAll()-Befehl steht. Alternativ dazu gibt es noch weitere Möglichkeiten – beispielsweise PDO::FETCH_NUM für die Ausgabe als nummerisches Array.

Um das Ergebnis auf dem Bildschirm darzustellen, ist wieder eine foreach-Schleife erforderlich. Diese verwendet nun direkt das Array $ergebnis. So entsteht folgendes Programm:

```
<?php
$sql = "SELECT b_preis FRM  os_bestellungen;";

try
{
    $dbh = new PDO ("mysql:dbname=onlineshopDB  host=localhost",
    "user1", "abc");
    $rueckgabe = $dbh->query($ql);
    $ergebnis = $rueckgabe->fetchAll(PDO::FETH _ASSOC);
    foreach ($ergebnis as $inhalt)
    {
        print "Inhalt der Zelle: " .$inhalt['b_preis']."<br>\n";
    }
    $error = $dbh->errorInfo();
    if ($error[0] > 0)
    {
        print "Fehlercode: " .$error[1]."<br>".$error[2];
    }
```

```
     $dbh = null;
}

catch(PDOException $e)
{
     print $e->getMessage();
}
?>
```

14.5 Übung: Datenbanken mit PHP bearbeiten

1. Erstellen Sie ein PHP-Programm, das die neue Tabelle os_reklamationen gestaltet, die Reklamationen erfasst. Sie soll einen Index, die Kundennummer, die Artikelnummer sowie das Datum des Eingangs der Beschwerde erfassen (Hinweis: für das Datum ist es sinnvoll den Datentyp DATE zu verwenden. Dieser gibt das Datum in folgendem Format an JJJJ-MM-TT). Verwenden Sie hierfür – und auch für die folgenden Aufgaben – das Datenbankobjekt PDO.

2. Füllen Sie die Tabelle mit zwei Reklamationen.

3. Gestalten Sie ein Programm, das das Datum der Reklamation in Zeile 1 abfragt und auf dem Bildschirm ausgibt. Verwenden Sie dafür die Methode fetchAll().

14

Lösungen:

1.

```php
<?php
$sql ="CREATE TABLE os_reklamationen".
    "(r_id integer unsigned not null auto_increment primary key,".
    "r_kundennummer integer unsigned not null,".
    "r_artikelnummer integer unsigned not null,".
    "r_datum date);";
try
{
    $dbh = new PDO ("mysql:dbname=onlineshopDB  host=localhost",
    "user1", "abc");
    $dbh->query($sql);
    $dbh = null;
}

catch(PDOException $e)
{
    print $e->getMessage();
}
?>
```

2.

```php
<?php
$sql = "INSERT INTO os_reklamationen ".
    "(r_kundennummer, r_artikelnummer, r_datum) ".
    "VALUES (1015, 2005, '2018-03-25');";
    $sql2 = "INSERT INTO os_reklamationen ".
    "(r_kundennummer, r_artikelnummer, r_datum) ".
    "VALUES (1013, 2012, '2018 03-29');";

try
{
    $dbh = new PDO ("mysql:dbname=onlineshopDB  host=localhost",
    "user1", "abc");
    $dbh->query($sql);
    $dbh->query($sql2);
    $error = $dbh->errorInfo();
    if ($error[0] > 0)
    {
        print "Fehlercode: ".$error[ ]."<br>".$error[2];
    }
```

```
        $dbh = null;
}

catch(PDOException $e)
{
        print $e->getMessage();
}
?>
```

3.

```
<?php
$sql = "SELECT r_datum FRM  os_reklamationen WHERE r_id = 1;";

try
{
        $dbh = new PDO ("mysql:dbname=onlineshopDB  host=localhost",
        "user1", "abc");
        $rueckgabe = $dbh->query($ ql);
        $ergebnis = $rueckgabe->fetchAll(PDO::FETE _ASSOC);
        print "Datum der Reklamation:".$ergebnis[0][t _datum']."<br>\n";
        $error = $dbh->errorInfo();
        if ($error[0] > 0)
        {
                print "Fehlercode: " .$error[1]."<br>".$error[2];
        }
        $dbh = null;
}

catch(PDOException $e)
{
        print $e->getMessage();
}
?>
```

14

175

Alle Programmcodes aus diesem Buch sind als PDF zum
Download verfügbar. Dadurch müssen Sie sie nicht abtippen:
https://bmu-verlag.de/books/php-mysql/

Außerdem erhalten Sie die eBook Ausgabe zum Buch im
PDF Format kostenlos auf unserer Website:

https://bmu-verlag.de/books/php-mysql/
Downloadcode: siehe Kapitel 18

Kapitel 15

Anwendungsbeispiel: Kundendaten über das Internet erfassen

Nachdem in den vorherigen Kapiteln die Grundlagen von PHP und SQL vorgestellt wurden, soll sich das letzte Kapitel einem kleinen Praxis-Beispiel widmen. Da in die Beispiele in diesem Buch stets an den Funktionen für die Erstellung eines Onlineshops ausgerichtet waren, soll dieses Thema auch im letzten Abschnitt aufgegriffen werden. Allerdings wäre es zu aufwendig, eine komplette Shop-Software mit allen Funktionen zu gestalten. Aus diesem Grund soll hier nur ein kleiner Ausschnitt erfasst werden. Die Seiten, die dabei entstehen, sollen die Anmeldung eines neuen Kunden ermöglichen. Dazu entsteht ein Formularfeld, über das er seine persönlichen Angaben eingeben kann. Das Programm bereitet diese daraufhin auf und übermittelt sie in eine Datenbank. Nach der Eingabe wird der Kunde zu einer Seite weitergeleitet, die alle Angaben ausgibt, sodass er sie überprüfen kann. Sollte er die Angaben bestätigen, bleiben die Daten in der Datenbank und der Kunde wird zu einer neuen Seite weitergeleitet, die ihm den erfolgreichen Abschluss mitteilt. Wenn er jedoch anzeigt, dass die Daten fehlerhaft sind, wird der Eintrag wieder gelöscht und es erscheint erneut die Seite für die Eingabe der Daten.

Dieses Beispiel konzentriert sich vorwiegend auf PHP und SQL. Um die Aufgabe zu vereinfachen, wird der HTML-Code so einfach wie möglich gehalten. Auf ein ansprechendes Design wird komplett verzichtet. Leser mit guten HTML- und CSS-Kenntnissen dürfen dieses gerne als Ergänzung selbst entwerfen. Da dieses Programm aus mehreren Dateien bestehen wird, ist es sinnvoll, dafür einen neuen Ordner anzulegen.

15.1   Kundendaten über ein mit PHP generiertes Formularfeld abfragen

Um die Daten der Kunden abzufragen, ist es zunächst notwendig, ein Formularfeld zu erzeugen. Für diese Aufgabe ist eigentlich kein PHP notwendig. Hierfür reicht eine einfache HTML-Codierung aus. Dennoch sollen bereits an dieser Stelle PHP und SQL zum Einsatz kommen. Der Sinn dieser Aufgabe besteht darin, eine einfache Seitenstruktur zu erstellen, die als Vorlage für die gesamte Website dienen kann. Da dabei viele Elemente identisch sind, lässt sich auf diese Weise viel Zeit sparen. Lediglich die Bestandteile, die sich bei jeder Seite verändern, sollen individuell gestaltet werden. Dafür soll das Programm die entsprechenden Inhalte aus einer Datenbank abrufen. Die grobe Struktur der Seite sieht demnach wie folgt aus:

```
<html>
<head>
Meta-Title
Meta-Description
</head>

<body>
Hauptüberschrift
Seiteninhalt
</body>
</html>
```

Die vier Bereiche Meta-Title, Meta-Description, Hauptüberschrift und Seiteninhalt sollen nun durch eine entsprechende Variable ersetzt und in einer print-Funktion ausgegeben werden. In den ersten drei Fällen soll diese Funktion innerhalb der entsprechenden HTML-Tags stehen, sodass die Variable nur reinen Text wiedergibt. Lediglich beim Seiteninhalt sollen die HTML-Tags in der entsprechenden Variablen enthalten sein, da sie einen Teil der individuellen Inhalte darstellen. Auf diese Weise ergibt sich folgender Code:

```
<html>
<head>
<title><?php print $meta_title;?></title>
<meta name="description" content=<?php print $meta_description;?>>
</head>
```

```
<body>
<h1><?php print $hauptueberschrift;?></h1>
<?php print $seiteninhalt;?>
</body>
</html>
```

Nachdem die grundlegenden Strukturen der Seite festgelegt sind, ist es notwendig, eine Tabelle zu erstellen, in der die Texte abgelegt werden. Diese soll den Namen `os_inhalt` erhalten und neben dem Index vier Spalten mit den entsprechenden Inhalten aufweisen. Dabei ist es wichtig, zu beachten, dass der Seiteninhalt sehr umfangreich sein kann. Daher ist es notwendig, hierfür genügend Platz einzuplanen. Um die Tabelle zu erstellen, soll in phpMyAdmin folgender SQL-Befehl eingegeben werden:

```
CREATE TABLE os_inhalt
(i_id integer unsigned not null auto_increment primary key,
    i_title varchar(60),
    i_description varchar(200),
    i_headline varchar(100),
    i_content varchar(2000));
```

Im folgenden Schritt ist es erforderlich, die Datenbank zu öffnen, die entsprechenden Einträge abzurufen und in den entsprechenden Variablen abzuspeichern. Da diese Funktionen in den vorhergehenden Kapiteln bereits ausführlich erklärt wurden, soll an dieser Stelle nur der dafür notwendige Code stehen:

```
<?php
$sql ="SELECT i_title, i_description, i_headline, i_content FROM os_
inhalt WHERE i_id = 1;";

try
{
    $dbh = new PDO ("mysql:dbname=onlineshopDB  host=localhost",
    "user1", "abc");
    $rueckgabe = $dbh->query($ql);
    $ergebnis = $rueckgabe->fetchAll(PDO::FETH _ASSOC);
    $meta_title = $ergebnis[0] 'i_title'];
    $meta_description = $ergebnis[0]['i_description'];
    $hauptueberschrift = $ergebnis[0]['i_headline'];
    $seiteninhalt = $ergebnis0 ]['i_content'];
```

15

```
    $dbh = null;
}

catch(PDOException $e)
{
    print $e->getMessage();
}
?>
```

Dieser Teil muss lediglich vor den zuvor erstellten Bereich mit der HTML-Struktur gesetzt werden. Damit ist die Seite für die Anzeige des Formulars bereits fertiggestellt. Es fehlt lediglich noch ein kleines Detail: das Einfügen der Inhalte in die Datenbank. Das soll wieder direkt über phpMyAdmin durchgeführt werden.

Für die Felder i_title, i_description und i_headline ist es lediglich notwendig, sich einen kleinen Text zu überlegen. Für das letzte Feld muss hingegen ein vollständiges Formular entstehen. Dieses soll für eine bessere Übersichtlichkeit in eine Tabelle mit zwei Spalten eingefügt werden. Links steht, welcher Inhalt eingegeben werden soll. Auf der rechten Seite folgt das zugehörige Formularfeld. Der HTML-Code für den Seiteninhalt sieht daher folgendermaßen aus:

```
<p>Registrieren Sie sich als neuer Kunde!</p>

<form method = "post" action = "ausgabe.php">

<table>
    <tr>
    <td>Name:</td>
    <td><input name = "name" type = "text"></td>
    </tr>
    <tr>
    <td>Vorname:</td>
    <td><input name = "vorname" type = "text"></td>
    </tr>
    <tr>
    <td>Stra&szlig;e:</td>
    <td><input name = "strasse" type = "text"></td>
    </tr>
    <tr>
    <td>Postleitzahl:</td>
    <td><input name = "plz" type = "text"></td>
```

```
    </tr>
    <tr>
    <td>Ort:</td>
    <td><input name = "ort" type = "text"></td>
    </tr>
    <tr>
    <td>E-Mail:</td>
    <td><input name = "mail" type = "text"></td>
    </tr>
    <tr>
    <td>Telefonnummer:</td>
    <td><input name = "tel" type = "text"></td>
    </tr>
    <tr>
    <td>Passwort:</td>
    <td><input name = "passwort" type = "password"></td>
    </tr>
    <tr>
    <td colspan = "2" align = "center"><input type = "submit" value
    = "Anmelden"></td>
    </tr>
</table>
</form>
```

Die Seiteninhalte sollen nun als Text in der Zelle `i_content` gespeichert werden. Obwohl die Eingabe sehr umfangreich ist, ist dies problemlos möglich, da zuvor dieser Zelle ein entsprechend großer Platz zugewiesen wurde. Für eine ansprechende Darstellung des Quellencodes ist es hierbei lediglich notwendig, alle Zeilenumbrüche durch das Symbol \n zu ersetzen. Daraus ergibt sich ein sehr umfangreicher INSERT-Befehl:

15

```
INSERT INTO os_inhalt(i_title, i_description, i_headline, i_content)
VALUES ('Anmeldeseite f&uuml;r unseren Onlineshop',
'Auf dieser Seite k&ouml;nnen Sie sich als neuer Kunde f&uuml;r
unseren Onlineshop registrieren',
'Herzlich Willkommen in unserem Onlineshop',
'<p>Registrieren Sie sich als neuer Kunde!</p>\n
<form method = "post" action = "ausgabe.php">\n
<table>\n
<tr>\n<td>Name:</td>\n
<td><input name = "name" type = "text"></td>\n</tr>\n
<tr>\n<td>Vorname:</td>\n
<td><input name = "vorname" type = "text"></td>\n</tr>\n
<tr>\n<td>Stra&szlig;e:</td>\n
```

```
<td><input name = "strasse" type = "text"></td>\n</tr>\n
<tr>\n <td>Postleitzahl:</td>\n
<td><input name = "plz" type = "text"></td>\n</tr>\n
<tr>\n<td>Ort:</td>\n
<td><input name = "ort" type = "text"></td>\n</tr>\n
<tr>\n<td>E-Mail:</td>\n
<td><input name = "mail" type = "text"></td>\n</tr>\n
<tr>\n<td>Telefonnummer:</td>\n
<td><input name = "tel" type = "text"></td>\n</tr>\n
<tr>\n<td>Passwort:</td>\n
<td><input name = "passwort" type = "password"></td>\n</tr>\n
<tr>\n<td colspan = "2" align = "center">
<input type = "submit" value = "Anmelden"></td>\n</tr>\n
</table>\n</form>\n');
```

Sobald dieser Befehl über phpMyAdmin eingegeben wurde, ist die Anzeige des Formularfelds möglich:

Screenshot 52   Das Anmeldeformular im Browser

15.2   Daten im Objekt Kunde ablegen

Im nächsten Schritt soll das Programm die Daten, die der Kunde eingegeben hat, verarbeiten. Um einen einfachen und effizienten Umgang mit den Informationen zu ermöglichen, soll dafür das Objekt Kunde entstehen. Für jeden Wert des Formulars entsteht ein neues Member. Zusätzlich generiert die Klasse eine Kundennummer und legt sie im Objekt ab. Daher soll folgende Klasse entstehen und in der Datei class_kunde im gleichen Ordner wie die übrigen Dateien abgespeichert werden:

```php
<?php
class Kunde
{
        private $name;
        private $vorname;
        private $strasse;
        private $plz;
        private $ort;
        private $mail;
        private $tel;
        private $passwort;
        private $kundennummer;
}
?>
```

Dabei sind alle Member als `private` deklariert. Das soll einen direkten Zugriff verhindern und auf diese Weise die Werte schützen. Aus diesem Grund ist es jedoch notwendig, für jedes einzelne Member – vorerst mit Ausnahme der Kundennummer – jeweils zwei öffentliche Methoden zu gestalten. Diese dienen dazu, die Werte einzutragen und abzurufen. Für das Member name sehen die Methoden wie folgt aus:

```php
public function setName ($inhalt)
{
        $this->name = $inhalt;
}
        public function getName ()
{
        return $this->name;
}
```

Für die übrigen Member sehen die Funktionen beinahe identisch aus. Es ist dafür lediglich notwendig, die Variablennamen auszutauschen.

15

Nun ist es an der Zeit, auch die Kundennummer in das Objekt einzutragen. Dabei handelt es sich um den einzigen Wert, der nicht über das Formular übermittelt wird. Die Kundennummer soll daher automatisch erstellt werden. Dazu wählt das Programm die bislang höchste Kundennummer aus, erhöht diesen Wert um 1 und speichert ihn dann als Kundennummer für den neuen Kunden ab.

Daraus geht bereits hervor, dass für diese Aufgabe ein Zugriff auf die Tabelle notwendig ist, in dem die Kundendaten gespeichert werden. Diese soll den Namen os_kunden tragen. Die Struktur ist dabei jedoch nicht mit der Tabelle identisch, die in den vorherigen Kapiteln unter diesem Namen erstellt wurde. Daher ist es notwendig, die bisherige Tabelle os_kunden zu löschen und sie daraufhin mit folgendem Befehl neu zu erstellen:

```
CREATE TABLE os_kunden
(k_id integer unsigned not null auto_increment primary key,
    k_name varchar(50),
    k_vorname varchar(50),
    k_strasse varchar(100),
    k_plz integer unsigned,
    k_ort varchar(50),
    k_mail varchar(50),
    k_tel integer unsigned,
    k_passwort varchar(20),
    k_kundennummer integer unsigned);
```

Anschließend sollen der Klasse folgende Methode hinzugefügt werden:

```
public function setKundennummer ($handle)
    {
        $befehl = S ELECT COUNT(k_kundennummer) FROM os_kunden";
        $rueckgabe = $handle->query($befehl);
        $ergebnis = $rueckgabe-> fetchAll(PDO::FETCH_ASSOC);

        if ($ergebnis[0]['COUNT(k_kundennummer)'] == 0)
        {
            $this->kundennummer = 1;
        }

        else
```

184

```
        {
            $befehl2 = "SELECT MAX(k_kundennummer) FROM os_kunden";
            $rueckgabe2 = $handle->query($befehl2);
            $ergebnis2 = $rueckgabe2-> fetchAll(PDO::FETCH_ASSOC);
            $nr = $ergebnis2[0]['MAX(k_kundennummer)'] + 1;
            $this->kundennummer = $nr;
        }
}
```

Diese soll aus dem Hauptprogramm das Handle $dbh erhalten. Dessen
Wert wird innerhalb der Methode in der Variablen $handle gespei-
chert, sodass auch von hier aus der Zugriff auf die Datenbank möglich
ist. Zunächst überprüft die Methode, ob in der Datenbank überhaupt
schon ein Wert für eine Kundennummer enthalten ist. Dazu kommt
die COUNT-Funktion zum Einsatz. Sollten bereits Werte vorhanden
sein, gibt diese einen Wert zurück, der größer als 0 ist. Wenn er gleich 0
ist, bedeutet das, dass noch kein Eintrag vorhanden ist. In diesem Fall
weist die Methode dem neuen Kunden die Nummer 1 zu. Dabei ist es
wichtig, zu beachten, dass die Referenz im Array $ergebnis nach der
COUNT-Funktion den Wert COUNT(k_kundennummer) aufweist.

Wenn bereits ein Wert vorhanden ist, ermittelt die Funktion
SELECT MAX den Höchstwert der vorhandenen Einträge. Dieser wird
anschließen um 1 erhöht und im Member $kundennummer abgespei-
chert. Analog zum COUNT-Befehl findet der Zugriff im Ergebnis-Array
über die Referenz MAX(k_kundennummer) statt.

Nun ist die Klasse Kunde fertiggestellt und sollte wie folgt aussehen:

15

```
<?php
class Kunde
{
    private $name;
    private $vorname;
    private $strasse;
    private $plz;
    private $ort;
    private $mail;
    private $tel;
    private $passwort;
    private $kundennummer;
```

```php
public function setName ($ nhalt)
{
     $this->name = $inhalt;
}
public function getName ()
{
     return $this->name;
}


public function setVorname ($inhalt)
{
     $this->vornname = $inhalt;
}
public function getVorname ()
{
     return $this->vornname;
}
public function setStrasse ($inhalt)
{
     $this->strasse = $inhalt;
}
public function getStrasse ()
{
     return $this->strasse;
}


public function setPlz ($inhalt)
{
     $this->plz = $inhalt;
}
public function getPlz ()
{
     return $this->plz;
}


public function setOrt ($inhalt)
{
     $this->ort = $inhalt;
}
public function getOrt ()
{
     return $this->ort;
}


public function setMail ($inhalt)
{
     $this->mail = $inhalt;
}
```

```php
public function getMail ()
{
    return $this->mail;
}

public function setTel ($inhalt)
{
    $this->tel = $inhalt;
}
public function getTel ()
{
    return $this->tel;
}

public function setPasswort ($inhalt)
{
    $this->passwort = $inhalt;
}
public function getPasswort ()
{
    return $this->passwort;
}

public function setKundennummer ($handle)
{
    $befehl = S ELECT COUNT(k_kundennummer) FROM os_kunden";
    $rueckgabe = $handle->query($befehl);
    $ergebnis = $rueckgabe-> fetchAll(PDO::FETCH_ASSOC);

    if ($ergebnis[0]['COUNT(k_kundennummer)'] == 0)
    {
        $this->kundennummer = 1;
    }

    else
    {
        $befehl2 = "SELECT MAX(k_kundennummer) FROM os_kunden";
        $rueckgabe2 = $handle->query($befehl2);
        $ergebnis2 = $rueckgabe2-> fetchAll(PDO::FETCH_ASSOC);
        $nr = $ergebnis2[0]['MAX(k_kundennummer)']   + 1;
        $this->kundennummer = $nr;
    }
}
```

15

```
    public function getKundennummer ()
    {
        return $this->kundennummer;
    }


}
?>
```

Im nächsten Schritt ist es notwendig, die Werte aus dem Formular zu erfassen und über die jeweiligen Methoden an das Objekt zu übermitteln. Dafür soll eine neue Datei mit dem Namen ausgabe.php angelegt werden. Das im vorherigen Abschnitt erstellte Formular ruft nach einem Klick auf das Eingabe-Feld diese neue Seite auf. Dieses Programm muss zunächst die Datei class_kunde.php einbinden und daraufhin ein neues Objekt erzeugen. Anschließend folgt der Aufruf der einzelnen Methoden. Das folgende Beispiel ruft die Methode setName auf. Für die übrigen Methoden ist es lediglich notwendig, die entsprechenden Namen auszutauschen.

```
if (!empty($_REQUEST['name']))
{
    if ($_REQUEST['name'] != "")
    {
        $neuerKunde->setName($_REQUEST['name']);
    }
}
```

Lediglich der Aufruf der Methode setKundennummer läuft nach einem anderen Muster ab. Hierfür ist es notwendig, zunächst eine Verbindung zur Datenbank herzustellen. Beim Aufruf der Methode muss das Programm das Datenbank-Handle übergeben:

```
try
{
    $dbh = new PDO ("mysql:dbname=onlineshopDB  host=localhost",
    "user1", "abc");
    $neuerKunde->setKundennummer($dbh);

    $dbh = null;
}
```

```
catch(PDOException $e)
{
    print $e->getMessage();
}
```

15.3   Werte an Datenbank übermitteln

Schließlich soll diese Seite die Werte, die nun im Objekt gespeichert sind, an die Datenbank übermitteln. Das geschieht durch einen einzigen INSERT-Befehl. Dieser soll wieder in der Variablen $sql gespeichert werden. Um die richtigen Werte zu ermitteln, ruft er die get-Methoden für jedes einzelne Member auf.

```
$sql = "INSERT INTO os_kunden ".
"(k_name, k_vorname, k_strasse, k_plz, k_ort, k_mail, k_tel, k_
passwort, k_kundennummer) ".
"VALUES ('".
$neuerKunde->getName()."', '".
$neuerKunde->getVorname()."', '".
$neuerKunde->getStrasse()."', ".
$neuerKunde->getPlz().", '".
$neuerKunde->getOrt()."', '".
$neuerKunde->getMail()."', ".
$neuerKunde->getTel().", '".
$neuerKunde->getPasswort() "', ".
$neuerKunde->getKundennummer().");";
```

Anmerkung: In der Druckversion ist die Folge von einfachen und doppelten Anführungszeichen, die für diesen Befehl notwendig ist, nur schwer zu erkennen. Um Verwechslungen zu vermeiden, sei erwähnt, dass die einfachen Anführungszeichen immer innerhalb der doppelten Anführungszeichen stehen müssen.

Danach ist es notwendig, den Befehl mit der Methode query auszuführen. Das bisherige Programm speichert alle Werte in der Datenbank und sieht nun wie folgt aus:

```
<?php
include ("class_kunde.php") ;

$neuerKunde = new Kunde();
```

```php
if (!empty($_REQUEST['name']))
{
    if ($_REQUEST['name'] != "")
    {
        $neuerKunde->setName($_REQUEST['name']);
    }
}

if (!empty($_REQUEST['vorname']))
{
    if ($_REQUEST['vorname'] != "")
    {
        $neuerKunde->setVorname($R EQUEST['vorname']);
    }
}

if (!empty($_REQUEST['strasse']))
{
    if ($_REQUEST['strasse'] != "")
    {
        $neuerKunde->setStrasse($_REQUEST['strasse']);
    }
}

if (!empty($_REQUEST['plz] ))
{
    if ($_REQUEST['plz'] != "")
    {
        $neuerKunde->setPlz($_REQUEST['plz']);
    }
}

if (!empty($_REQUEST['ort] ))
{
    if ($_REQUEST['ort'] != "")
    {
        $neuerKunde->setOrt($_REQUEST['ort']);
    }
}

if (!empty($_REQUEST['mail']))
{
    if ($_REQUEST['mail'] != "")
    {
        $neuerKunde->setMail($_REQUEST['mail']);
    }
}
```

```php
if (!empty($_REQUEST['tel] ))
{
    if ($_REQUEST['tel'] != "")
    {
        $neuerKunde->setTel($_REQUEST['tel']);
    }
}
if (!empty($_REQUEST['passwort']))
{
    if ($_REQUEST['passwort'] != "")
    {
        $neuerKunde-> setPasswort($_REQUEST['passwort']);
    }
}

try
{
    $dbh = new PDO ("mysql:dbname=onlineshopDB  host=localhost",
    "user1", "abc");
    $neuerKunde->setKundennummer($dbh);

    $sql = "INSERT INTO os_kunden ".
    "(k_name, k_vorname, k_strasse, k_plz, k_ort, k_mail, k_tel,
    k_passwort, k_kundennummer) ".
    "VALUES ('".
    $neuerKunde->getName()."', '".
    $neuerKunde->getVorname()."', '".
    $neuerKunde->getStrasse()."', ".
    $neuerKunde->getPlz().", '".
    $neuerKunde->getOrt()."', '".
    $neuerKunde->getMail()."', ".
    $neuerKunde->getTel().", '".
    $neuerKunde->getPasswort() "', ".
    $neuerKunde->getKundennummer().");";

    print $sql."<br>";

    $dbh->query($sql);


    $dbh = null;
}
catch(PDOException $e)
{
    print $e->getMessage();
}
?>
```

15.4 Kundendaten mit PHP-Programm anzeigen lassen

Bisher ist es bereits möglich, das Programm formular.php aufzurufen und das Formular mit Inhalten zu füllen. Dabei werden die Werte zwar in die Datenbank übertragen, die Seite ausgabe.php, die danach erscheint, bleibt jedoch noch leer. Daher wird sie nun im letzten Schritt mit Inhalten gefüllt. Dazu soll das Programm die Werte zur Überprüfung direkt aus der Datenbank abrufen und auf dem Bildschirm darstellen.

Hierfür ist ein SELECT-Befehl notwendig. Durch die Angabe * wird angezeigt, dass er die komplette Zeile abrufen soll. Die Identifizierung der Zeile erfolgt durch die Kundennummer, die aus dem Objekt abgerufen wird. Die Ausgabe erfolgt daraufhin mit einer foreach-Schleife:

```
$sql = "SELECT * FROM os_kunden WHERE k_kundennummer = ".$neuerKunde-
>getKundennummer().";";

$rueckgabe = $dbh->query($sql);
$ergebnis = $rueckgabe->fetchAll(PDO::FETH _ASSOC);
foreach ($ergebnis as $inhalt)
{
    print "<p>Für den neuen Kunden mit der Kundennummer
    ".$inhalt['k_kundennummer'].
    " wurden folgende Werte erfasst:<br>";
    print "Name: ".$inhalt['kn ame']."<br>\n";
    print "Vorname: ".$inhalt[ k_vorname']."<br>\n";
    print "Stra&szlig;e: ".$inhalt['k_strasse'] ."<br>\n";
    print "PLZ: ".$inhalt['k_plz']."<br>\n";
    print "Ort: ".$inhalt['k_ort']."<br>\n";
    print "E-Mail: ".$inhalt[k _mail']."<br>\n";
    print "Telefonnummer: ".$inhalt['k_tel'].< br>\n";
    print "Passwort: ".$inhalt['k_passwort'].< /p>\n";
}
```

Anschließend soll der Kunde die Daten bestätigen oder verwerfen können. Dazu werden zwei kleine Formulare eingefügt.

Das erste Formular ist ganz einfach aufgebaut. Es soll lediglich den Button "Bestätigen" enthalten und den Besucher zu einer Seite weiterleiten, die ihm anzeigt, dass die Daten ordnungsgemäß erfasst wurden. Der Code dafür sieht folgendermaßen aus:

```
<form method = "post" action = "bestaetigung.php">
<input type = "submit" value = "Bestätigen">
</form>
```

Für das Formular, das zur Korrektur der Werte zum Einsatz kommt, ist folgender Code notwendig:

```
<form method = "post" action = "formular.php">
<input type="hidden" name=" Referenz" value="$neuerKunde-
>getKundennummer()">
<input type = "submit" value = "Korrigieren">
</form>
```

Wenn der Kunde die Daten korrigieren will, wird er erneut zum ursprünglichen Formular unter der Adresse formular.php weitergeleitet. Erklärungsbedürftig ist noch das Formularfeld vom Typ hidden. Dieses ist versteckt und wird daher nicht angezeigt. Er dient lediglich dazu, einen Wert an die nächste Seite zu übermitteln. Daher wird mit einer PHP-Variablen die Kundennummer eingefügt. Dabei gilt es zu beachten, dass der Code, wie er hier steht, noch ungültig ist, da dabei HTML und PHP vermischt werden. Das wird später, wenn dieser Teil in eine print-Funktion eingegeben wird, entsprechend ausdifferenziert. Die Übergabe der Kundennummer ist notwendig, da die Seite, auf die die Nutzer weitergeleitet werden, die inkorrekten Daten wieder löschen soll. Dafür muss sie wissen, um welchen Datensatz es sich dabei handelt. Deshalb wird die Kundennummer als Referenz übermittelt.

Für die Wiedergabe der beiden Formularfelder müssen diese in einen print-Befehl eingefügt werden. Dabei ist es wichtig, vor die Anführungszeichen, die Teil des HTML-Codes sind, das Zeichen \ einzufügen. Nur so ist eine korrekte Ausführung möglich.

Nun sollte noch der Rahmen für die Seite eingefügt werden. Dafür dient wieder das Muster aus dem Abschnitt 15.1. Dabei ist es lediglich notwendig, die Index-Nummer bei der Datenbankabfrage zu ändern. Außerdem soll der Hauptteil hierbei nicht über eine Datenbank eingefügt werden, da dieser direkt durch das Programm erzeugt wird. Dafür ist es notwendig, die Datenbank os_inhalt über phpMyAdmin mit einer neuen Zeile zu füllen. Für den Titel, die Beschreibung und die

15

Hauptüberschrift kann der Leser sich selbst kleine Texte überlegen. Die Spalte i_content bleibt leer. Das Programm für die Seite ausgabe.php sieht daraufhin wie folgt aus:

```php
<?php
$sql ="SELECT i_title, i_description, i_headline, i_content FROM os_
inhalt WHERE i_id = 2;";

try
{
    $dbh = new PDO ("mysql:dbname=onlineshopDB  host=localhost",
    "user1", "abc");
    $rueckgabe = $dbh->query($ql);
    $ergebnis = $rueckgabe->fetchAll(PDO::FETH _ASSOC);
    $meta_title = $ergebnis[0] 'i_title'];
    $meta_description = $ergebnis[0]['i_description'];
    $hauptueberschrift = $ergebnis[0]['i_headline'];
    $seiteninhalt = $ergebnis[ ]['i_content'];

    $dbh = null;
}

catch(PDOException $e)
{
    print $e->getMessage();
}

?>

<html>
<head>
<title><?php print $meta_title;?></title>
<meta name="description" content=<?php print $meta_description;?>>
</head>

<body>
<h1><?php print $hauptueberschrift;?></h1>

<?php

include ("class_kunde.php") ;

$neuerKunde = new Kunde();
```

```
if (!empty($_REQUEST['name']))
{
    if ($_REQUEST['name'] != "")
    {
        $neuerKunde->setName($_REQUEST['name']);
    }
}

if (!empty($_REQUEST['vorname']))
{
    if ($_REQUEST['vorname'] != "")
    {
        $neuerKunde->setVorname($R EQUEST['vorname']);
    }
}

if (!empty($_REQUEST['strasse']))
{
    if ($_REQUEST['strasse'] != "")
    {
        $neuerKunde->setStrasse($_REQUEST['strasse']);
    }
}
if (!empty($_REQUEST['plz] ))
{
    if ($_REQUEST['plz'] != "")
    {
        $neuerKunde->setPlz($_REQUEST['plz']);
    }
}

if (!empty($_REQUEST['ort] ))
{
    if ($_REQUEST['ort'] != "")
    {
        $neuerKunde->setOrt($_REQUEST['ort']);
    }
}

if (!empty($_REQUEST['mail']))
{
    if ($_REQUEST['mail'] != "")
    {
        $neuerKunde->setMail($_REQUEST['mail']);
    }
}
```

15

```
if (!empty($_REQUEST['tel] ))
{
    if ($_REQUEST['tel'] != "")
    {
        $neuerKunde->setTel($_REQUEST['tel']);
    }
}

if (!empty($_REQUEST['passwort']))
{
    if ($_REQUEST['passwort'] != "")
    {
        $neuerKunde-> setPasswort($_REQUEST['passwort']);
    }
}

try
{
    $dbh = new PDO ("mysql:dbname=onlineshopDB  host=localhost",
    "user1", "abc");
    $neuerKunde->setKundennummer($dbh);

    $sql = "INSERT INTO os_kunden ".
    "(k_name, k_vorname, k_strasse, k_plz, k_ort, k_mail, k_tel,
    k_passwort, k_kundennummer) ".
    "VALUES ('".
    $neuerKunde->getName()."', '".
    $neuerKunde->getVorname()."', '".
    $neuerKunde->getStrasse()."', ".
    $neuerKunde->getPlz().", '".
    $neuerKunde->getOrt()."', '".
    $neuerKunde->getMail()."', ".
    $neuerKunde->getTel().", '".
    $neuerKunde->getPasswort() "', ".
    $neuerKunde->getKundennummer().");";


    $dbh->query($sql);


    $sql = "SELECT * FROM os_kunden WHERE k_kundennummer =
    ".$neuerKunde->getKundennummer().";";

    $rueckgabe = $dbh->query($ql);
    $ergebnis = $rueckgabe->fetchAll(PDO::FETH _ASSOC);
    foreach ($ergebnis as $inhalt)
    {
```

```
        print "<p>Für den neuen Kunden mit der Kundennummer
        ".$inhalt['k_kundennummer'].
        " wurden folgende Werte erfasst:<br>";
        print "Name: ".$inhalt['k_name']."<br>\n";
        print "Vorname: ".$inhalt['k_vorname']."<br>\n";
        print "Stra&szlig;e: ".$inhalt['k_strasse']."<br>\n";
        print "PLZ: ".$inhalt['k_plz']."<br>\n";
        print "Ort: ".$inhalt['k_ort']."<br>\n";
        print "E-Mail: ".$inhalt['k_mail']."<br>\n";
        print "Telefonnummer: ".$inhalt['k_tel']."<br>\n";
        print "Passwort: ".$inhalt['k_passwort']."</p>\n";
    }
    $error = $dbh->errorInfo();

    $dbh = null;
}

catch(PDOException $e)
{
    print $e->getMessage();
}

print
"<form method = \"post\" action = \"bestaetigung.php\"> \n" . "<input
type = \"submit\" value = \"Bestätigen\">\ ".
"</form>\n".
"<form method = \"post\" action = \"formular.php\">\n". "<input
type=\"hidden\" name=\"Referenz\" value=\" ". $neuerKunde-
>getKundennummer()."\">\n<input type = \"submit\" value =
\"Korrigieren\">".
"</form>";

?>
</body>
</html>
```

15

197

Screenshot 53 Die Ausgabe der Daten über den Browser

Nun ist es notwendig, die Seite bestaetigung.php zu erstellen. Diese verwendet fast genau den gleichen Code wie die Seite formular.php. Der einzige Unterschied besteht darin, dass es notwendig ist, die Index-Nummer für die Datenbankabfrage anzupassen:

```php
<?php
$sql ="SELECT i_title, i_description, i_headline, i_content FROM os_
inhalt WHERE i_id = 3;";

try
{
    $dbh = new PDO ("mysql:dbname=onlineshopDB  host=localhost",
    "user1", "abc");
    $rueckgabe = $dbh->query($sql);
    $ergebnis = $rueckgabe->fetchAll(PDO::FETCH_ASSOC);
    $meta_title = $ergebnis[0] 'i_title'];
    $meta_description = $ergebnis[0]['i_description'];
    $hauptueberschrift = $ergebnis[0]['i_headline'];
    $seiteninhalt = $ergebnis[0 ]['i_content'];

    $dbh = null;
}

catch(PDOException $e)
{
    print $e->getMessage();
}
```

198

```
?>

<html>
<head>
<title><?php print $meta_title;?></title>
<meta name="description" content=<?php print $meta_description;?>>
</head>
<body>
<h1><?php print $hauptueberschrift;?></h1>
<?php print $seiteninhalt;?>
</body>
</html>
```

Darüber hinaus ist es erforderlich, einen Seitentitel, eine Beschreibung, eine Überschrift sowie eine kurze Bestätigungs-Nachricht für die erfolgreiche Datenspeicherung in die Datenbank einzugeben. Das kann der Leser nach bekanntem Muster direkt über phpMyAdmin erledigen.

Die letzte Aufgabe besteht nun darin, die Datei formular.php anzupassen. Wenn die Werte nicht richtig eingegeben wurden und der Kunde sie korrigieren will, wird er zu dieser Seite weitergeleitet. So kann er sie erneut eingeben. Allerdings ist es in diesem Fall notwendig, den falschen Eintrag wieder zu löschen. Dazu dient folgender Code:

```
if (isset($_REQUEST['Referenz']))
{
    $sql2 = "DELETE FROM os_kunden WHERE k_kundennummer=".$_
    REQUEST[R eferenz'].";";
    $dbh->query($sql2);
}
```

15

Dieser soll fast ganz am Anfang – direkt nachdem das Handle $dbh erstellt wurde – eingefügt werden:

```
<?php
$sql ="SELECT i_title, i_description, i_headline, i_content FROM os_
inhalt WHERE i_id = 1;";

try
{
    $dbh = new PDO ("mysql:dbname=onlineshopDB host=localhost",
    "user1", "abc");
    if (isset($_REQUEST['Referenz']))
```

```
    {
            $sql2 = "DELETE FROM os_kunden WHERE k_kundennummer=".$_
            REQUEST[Referenz']."";";
            $dbh->query($sql2);
    }

    $rueckgabe = $dbh->query($sql);
    $ergebnis = $rueckgabe->fetchAll(PDO::FETCH_ASSOC);
    $meta_title = $ergebnis[0]['i_title'];
    $meta_description = $ergebnis[0]['i_description'];
    $hauptueberschrift = $ergebnis[0]['i_headline'];
    $seiteninhalt = $ergebnis[0]['i_content'];

    $dbh = null;
}

catch(PDOException $e)
{
    print $e->getMessage();
}

?>

<html>
<head>
<title><?php print $meta_title;?></title>
<meta name="description" content=<?php print $meta_description;?>>
</head>

<body>
<h1><?php print $hauptueberschrift;?></h1>
<?php print $seiteninhalt;?>
</body>
</html>
```

Die if-Schleife mit der isset-Funktion ermittelt dabei, ob ein Wert an das Programm übergeben wurde. Das sorgt dafür, dass dieser Teil beim ersten Aufruf der Seite nicht ausgeführt wird, sondern nur, wenn der Nutzer die Werte korrigieren will. Der DELETE-Befehl sollte soweit bekannt sein. Als Referenz wird dabei die Kundennummer verwendet, die das versteckte Formularfeld auf der vorherigen Seite übergeben hat.

Damit erfüllt das Programm seine Aufgaben und der Kunde kann seine Daten eingeben und bei Bedarf korrigieren.

Kapitel 16

PHP und Cookies: Besucher wiedererkennen und Informationen speichern

PHP dient in erster Linie der Erzeugung dynamischer Internetseiten. Das bedeutet, dass die Inhalte, die auf den Seiten angezeigt werden, nicht immer die gleichen sind. Sie werden hingegen erst erzeugt, wenn der Besucher die Seite aufruft. Das macht es nicht nur möglich, Texte und Bilder schnell und einfach zu verändern. Darüber hinaus erlaubt es diese Technik, sie individuell an den Besucher anzupassen. Wenn man einen Blog oder ein News-Portal betreibt, wäre es beispielsweise möglich, dem Leser zunächst die Artikel zu präsentieren, die er noch nicht gelesen hat. Die Texte, die er schon kennt, sind dabei in der Regel nicht von großer Bedeutung, sodass sie im Hintergrund stehen können. Eine andere Alternative besteht darin, eine persönliche Ansprache in die Seite zu integrieren. Das verstärkt häufig das Interesse des Lesers. Besonders wichtig ist die individuelle Gestaltung bei der Entwicklung eines Webshops. Hierbei ist es unter anderem notwendig, dass der Kunde abrufen kann, welche Artikel er bestellt hat.

Um die dargestellten Inhalte auf den Besucher zuzuschneiden, ist es notwendig, diesen zunächst zu identifizieren. Bei HTTP handelt es sich jedoch um eine verbindungsfreie Technik. Jedes Mal, wenn der Anwender eine neue Seite aufruft, gehen daher alle Daten verloren. Selbstverständlich ist es möglich, die Informationen dauerhaft in einer Datenbank abzuspeichern. Um die Seiten zu individualisieren, ist es jedoch erforderlich, zu wissen, wer die Seite gerade besucht. Nur so kann man die zugehörigen Datenbankinhalte abrufen.

Wenn der Anwender von einer der eigenen Seiten kommt, ist es relativ einfach, die entsprechenden Informationen weiterzuleiten. Eine Mög-

16

lichkeit hierfür haben wir schon in Kapitel 15.4. verwendet: versteckte Formulare. In diesem Beispiel wurde die Kundennummer an die nächste Seite weitergegeben. Es wäre möglich, diese Informationen weiter auszubauen – beispielsweise um den Namen, den Inhalt des Warenkorbs und weitere Details verfügbar zu machen. Einfacher und sicherer ist es jedoch, diese Werte in der Datenbank abzulegen. Dann braucht die nächste Seite nur die Kundennummer als Referenz, um auf sie zugreifen zu können.

Diese Methode bringt jedoch das Problem mit sich, dass sie nur für die Dauer eines Besuchs angewendet werden kann. Wenn der Anwender zwischendurch eine fremde Seite aufruft oder den Browser schließt, gehen alle Informationen verloren. Damit sie auch beim nächsten Besuch noch verfügbar sind, ist es sinnvoll, Cookies zu verwenden. Dieses Kapitel stellt vor, wie sich diese in eine PHP-Seite einfügen lassen.

16.1   Was ist ein Cookie?

Der Begriff Cookie heißt übersetzt Keks oder Plätzchen. In der Informatik steht er jedoch für ein kleines Datenpaket, das zwischen verschiedenen Computern hin und her geschickt wird, um Informationen auszutauschen. Dabei handelt es sich nicht um ein ausführbares Programm, sondern lediglich um Daten in Textform. Es gibt in der Informatik mehrere unterschiedliche Arten von Cookies. Am häufigsten bezieht sich dieser Begriff auf HTTP-Cookies. Diese dienen dem Datenaustausch zwischen dem Webbrowser und dem Server. Dieses Kapitel befasst sich ausschließlich mit HTTP-Cookies. Andere Formen sind für die Programmierung mit PHP nicht von Bedeutung.

Bei der Verwendung von PHP wird das Cookie vom Server erzeugt und zum Webbrowser des Anwenders übermittelt. Hierfür ist es notwendig, einen entsprechenden Befehl in das PHP-Programm einzufügen. Es wird daraufhin auf dem Computer des Anwenders abgespeichert. Voraussetzung hierfür ist, dass dieser die Verwendung von

Cookies akzeptiert. Eine andere Alternative besteht darin, dass das Cookie direkt im Browser erzeugt wird. Das ist jedoch mit PHP nicht möglich. Zu diesem Zweck sind clientseitige Scriptsprachen wie Javascript notwendig. Daher wird diese Alternative hier nicht weiter behandelt.

Wenn ein Cookie auf dem Computer gespeichert ist, übermittelt es der Webbrowser automatisch an den Server, wenn er erneut eine Seite von diesem aufruft. Das bedeutet, dass der Programmierer das Cookie nicht erst anfordern muss. Er erhält es – wenn es vorhanden ist – immer sofort mitgeliefert.

Im Cookie wird stets die Domain abgespeichert, deren Seite es gesetzt hat. Die Informationen sind dann für alle Seiten der Domain abrufbar. Es ist daher nicht notwendig, für jede Unterseite ein neues Cookie zu verwenden. Allerdings ist es nicht möglich, auf Cookies anderer Domains zuzugreifen.

Die Verwendung von Cookies ist zwar äußerst praktisch, doch ist dabei auch Vorsicht geboten. Zum einen ist es wichtig, die rechtlichen Bestimmungen zu beachten. Für die Verwendung von Cookies ist es fast immer notwendig, die Zustimmung des Anwenders einzuholen. Wer das nicht tut, läuft Gefahr, erhebliche Bußgelder bezahlen zu müssen. Wer Cookies auf einer Webseite einsetzen will, sollte sich daher genau darüber informieren, wie die gesetzlichen Regelungen dafür aussehen. Zum anderen gibt es zahlreiche Anwender, die Cookies grundsätzlich blockieren. Daher ist es sinnvoll, sie nur als zusätzliche Informationen heranzuziehen. Eine Internetseite sollte jedoch grundsätzlich auch ohne die Verwendung von Cookies einwandfrei funktionieren.

16.2 Ein Cookie setzen

Nun ist es an der Zeit das erste Cookie selbst zu erzeugen. Dafür ist der Befehl `setcookie()` notwendig. Dieser ist wie folgt aufgebaut:

16

```
setcookie ("Bezeichnung", "Inhalt", Verfallsdatum);
```

Die Bezeichnung kann dabei frei gewählt werden. Es ist empfehlenswert, dabei einen Namen auszuwählen, der dem Inhalt entspricht. Wenn man beispielsweise die Kundennummer eingeben will, wäre es sinnvoll, dieses Wort als Bezeichnung zu verwenden. Der gewählte Begriff muss dabei immer in Anführungszeichen stehen.

Danach folgt der Inhalt. An dieser Stelle ist es möglich, beliebige Werte einzufügen.

Danach folgt das Verfallsdatum für das Cookie. Dieser Parameter ist zwar nicht unbedingt notwendig. Wenn man diesen Bereich leer lässt, verfällt das Cookie jedoch, sobald der Anwender den Browser schließt. Daher wäre beim nächsten Besuch keine Wiedererkennung möglich und das Cookie somit wertlos. An dieser Stelle ist es notwendig, einen Wert nach dem Unix-Timestamp-Format zu erzeugen. Den Wert für die aktuelle Uhrzeit erhält man über die Funktion `time()`. Danach ist es nur noch notwendig, die gewünschte Gültigkeitsdauer in Sekunden hinzuzufügen. Wenn das Cookie beispielsweise 30 Tage gültig sein sollte, müsste man hier den Wert `time()+2592000` angeben. Alternativ dazu kann man zunächst die Minuten, Stunden und Tage ausrechnen und diesen Wert dann mit der gewünschten Anzahl an Tagen multiplizieren: `time()+60*60*24*30`. Wenn man ein Cookie setzen will, das die Kundennummer 12345 über 30 Tage hinweg speichert, wäre demnach folgendes Programm notwendig:

```php
<?php

setcookie("Kundennummer", "12345", time()+2592000);

?>
```

Wenn man dieses nun ausführt, dann erscheint zunächst einmal eine leere Seite. Dennoch ist etwas passiert. Das erkennt man, wenn man die Cookie-Daten des Browsers abruft. Wie das funktioniert, wird hier exemplarisch am Browser Google Chrome gezeigt. Bei anderen Browsern ist die Vorgehensweise jedoch ähnlich.

Hierfür ist es zunächst notwendig, auf die drei Punkte am rechten oberen Bildrand zu klicken und danach den Menüpunkt Einstellungen auszuwählen.

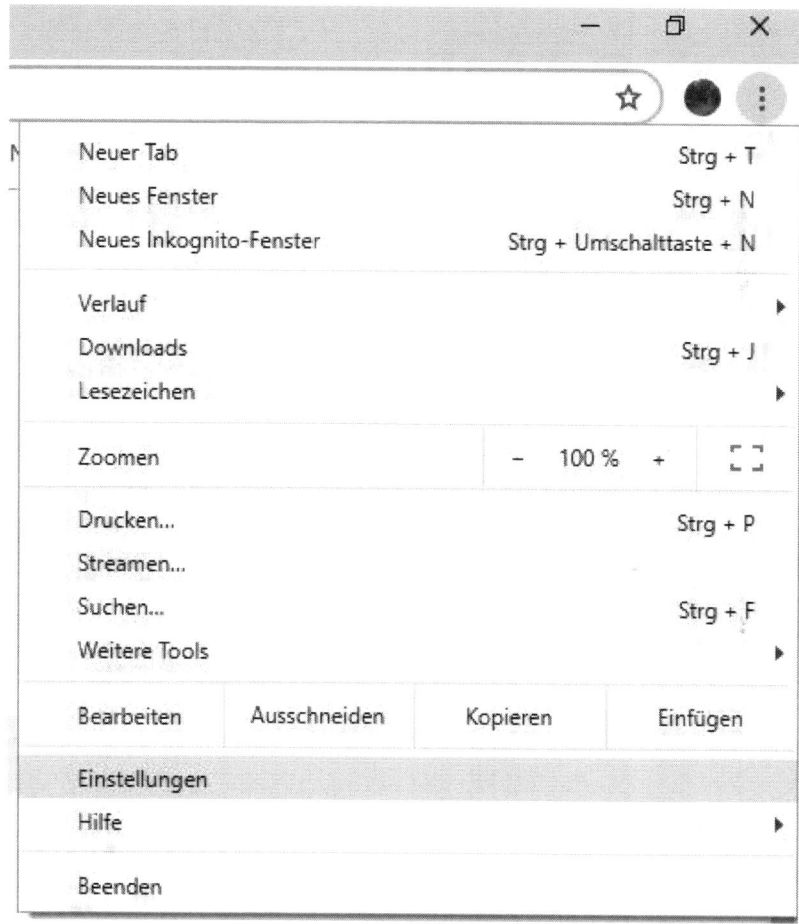

Screenshot 54 Die Einstellungen aufrufen

Danach öffnet sich eine neue Seite. Hier muss man bis nach ganz unten
scrollen und auf "Erweitert" klicken. Auf der folgenden Seite muss man
dann auf "Inhaltseinstellungen" klicken.

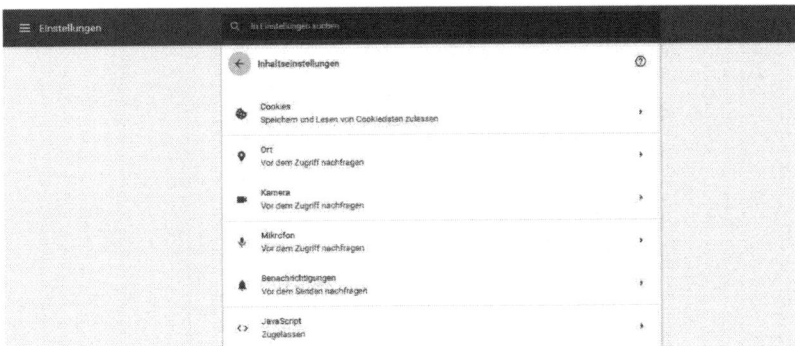

Screenshot 55 Die Inhaltseinstellungen

Hier befindet sich ganz oben der Eintrag "Cookies". Dieser muss angeklickt werden. Daraufhin muss man den Menüpunkt "Alle Cookies und Websitedaten anzeigen" auswählen. Nun erscheint eine lange Liste mit allen Cookies, die auf dem Computer gespeichert sind. Darin muss man nach dem Eintrag localhost suchen – beziehungsweise die Suchfunktion verwenden. Nun erscheint bereits das Cookie mit der Bezeichnung Kundennummer, das wir soeben gesetzt haben. Wenn man dieses anklickt, werden die entsprechenden Einträge sichtbar:

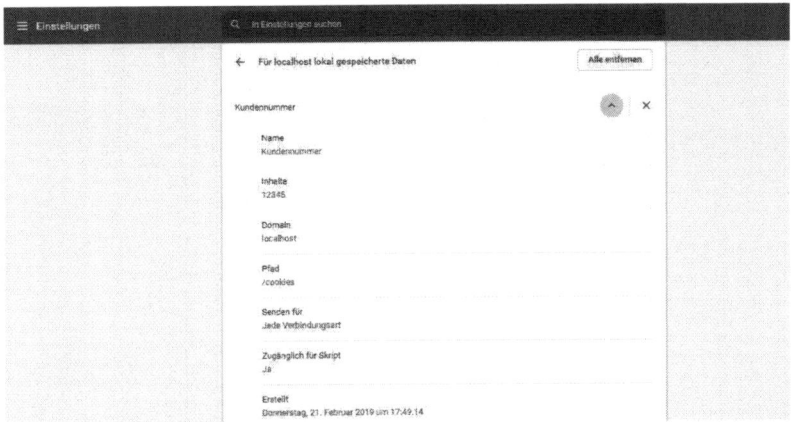

Screenshot 56 Die Werte des Cookies

Hier sind nun viele verschiedene Informationen zugänglich. Unter dem Begriff Inhalt ist beispielsweise der Text einsehbar, den wir über den `setcookie`-Befehl eingegeben haben – also die Kundennummer 12345. Darüber hinaus ist ersichtlich, zu welchem Zeitpunkt das Cookie erstellt wurde und bis wann es gültig ist.

Der `setcookie`-Befehl muss immer ganz am Anfang des Dokuments stehen – vor allen HTML-Tags, PHP-`print`-Befehlen oder anderen Ausgaben. Selbst Leerzeichen dürfen ihm nicht vorangestellt werden. Der Grund dafür besteht darin, dass das Cookie im HTTP-Header übermittelt wird. Es muss daher vor allen Inhalten der Seite stehen. XAMPP wendet diese Regel allerdings nicht an. Das bedeutet, dass man hier auch Inhalte vor dem `setcookie`-Befehl ausgeben kann. Allerdings ist davon strikt abzuraten. Wenn man ein derartiges Programm erstellt und es später auf einen richtigen Webserver lädt, ist es sehr wahrscheinlich, dass es nicht lauffähig ist.

Allerdings ist es möglich, den `setcookie`-Befehl in eine `if`–Abfrage zu stellen. Hierbei handelt es sich um keine Ausgabe, sodass sie den Aufbau des Dokuments nicht beeinträchtigt. Beispielsweise ist es üblich, mit einer `if`-Abfrage zu überprüfen, ob bereits ein Cookie besteht und nur dann ein neues Cookie zu setzen, wenn dieses noch nicht vorhanden ist.

16.3 Informationen aus dem Cookie auswerten

Um die Vorteile der Cookies zu nutzen, ist es selbstverständlich notwendig, die darin gespeicherten Informationen auszuwerten. Wie bereits beschrieben, sendet der Browser das Cookie dem Server automatisch zu. Es ist also nicht notwendig, es gezielt anzufordern.

Aus diesem Grund ist der Zugriff auf die Daten sehr einfach. Sie sind alle in der Variablen `$_COOKIE` gespeichert. Um sie zu verwenden, ist es lediglich notwendig, diese Variable aufzurufen. Hierbei handelt es sich um ein assoziatives Array. Das bedeutet, dass die Inhalte über ein spezielles Schlüsselwort abgerufen werden müssen. Bei diesem Schlüs-

16

selwort handelt es sich stets um den Namen, den wir dem Cookie beim Setzen gegeben haben. Um auf den Inhalt des Cookies aus dem vorherigen Abschnitt zuzugreifen, wäre demnach folgender Ausdruck notwendig:

```
$_COOKIE['Kundennummer']
```

Darin ist der Wert abgespeichert, der mit dem `setcookie`-Befehl an zweiter Stelle gesetzt wurde. In diesem Fall wäre das demnach die Kundennummer 12345.

Wenn man den Wert des Cookies abrufen will, ist stets etwas Vorsicht geboten. Schließlich wissen wir beim Programmieren nicht, ob der Anwender die Seite bereits zuvor besucht hat. Handelt es sich um den ersten Besuch, ist noch kein Cookie vorhanden. Außerdem ist es möglich, dass der Anwender die Verwendung von Cookies ablehnt. Wenn man diese Variable aufruft, aber kein entsprechendes Cookie vorhanden ist, kommt es zum Abbruch des Programms.

Aus diesem Grund ist es wichtig, den Aufruf dieser Variablen stets in eine `if`-Abfrage zu stellen. Diese soll zunächst überprüfen, ob das Cookie überhaupt vorhanden ist. Dazu dient der folgende Befehl:

```
if (!empty($_COOKIE['Kundennummer']))
```

Danach ist es sinnvoll, einen `else`-Block einzufügen, der eine alternative Seite für Besucher ohne Cookie ausgibt.

Die Abfrage der Daten soll nun anhand eines kurzen Beispielprogramms verdeutlicht werden. Dieses enthält ein Array mit den Daten von drei verschiedenen Kunden. In der Praxis wäre es selbstverständlich notwendig, die Kundendaten in einer Datenbank abzulegen und sie zunächst in das Programm zu laden. Damit der Code einfach und übersichtlich bleibt, wird in diesem Beispiel auf diesen Schritt jedoch verzichtet. Das Programm ruft dann zunächst die Kundennummer aus dem Cookie ab und geht mit einer `foreach`-Schleife das Array durch, um dieses auf eine Übereinstimmung zu überprüfen. Wenn diese gefunden ist, nimmt das Programm die zugehörige Anrede und den Namen auf und gibt eine personalisierte Begrüßung aus. (Das Programm geht davon aus, dass wenn ein Cookie vorhanden ist, auch die zugehörigen Kundendaten abgespeichert sind. Ist das nicht der Fall, würde es hierbei zu einem Fehler kommen. Um das Programm robuster zu gestalten, wäre es in der Praxis sinnvoll, auch hierfür einen alternativen Ablauf einzufügen.)

Wenn kein Cookie vorhanden ist, fordert das Programm den Besucher dazu auf, sich anzumelden. Dazu bietet es einen Link zum Programm aus dem vorherigen Beispiel an (das in diesem Beispiel unter dem Namen cookie1.php gespeichert wurde). Dieses setzt dann automatisch das Cookie.

```php
<?php

$kundendaten = [[12345,"Herr","Müller"],[12346,"Frau","Mayer"],
    [12347,"Frau","Becker"]];

if (!empty($_COOKIE['Kundennummer']))
{
    $kunde = $_COOKIE['Kundennummer'];
    foreach ($kundendaten as $datensatz)
    {
        if ($datensatz[0] == $kunde)
        {
            $anrede = $datensatz[1];
            $name  = $datensatz[2];
        }
    }
    print "Herzlich willkommen, ". $anrede." ". $name."!";
}
else
{
    print "Bitte <a href = 'cookie1.php'>anmelden</a>!";
}
?>
```

Wenn man das Programm nun ausführt (und wenn das Cookie aus dem vorherigen Abschnitt noch gespeichert ist), sollte eine personalisierte Anrede erscheinen:

Screenshot 57 Personalisierung der Seite durch Cookies

Um die Funktionsweise auszuprobieren, ist es sinnvoll, das vorherige Programm so abzuändern, dass das Cookie nun die Kundennummer 12346 oder 12347 vorgibt und es danach erneut auszuführen. Wenn man nun nochmals das soeben erstellte Programm aufruft, sollte daraufhin eine andere Begrüßung erscheinen. Außerdem ist es sinnvoll, das Cookie einmal manuell zu löschen (über die Browser-Einstellungen). Dann erscheint die Aufforderung, sich anzumelden mit dem Link zur entsprechenden Seite.

16.4   Session Cookies

Neben den gewöhnlichen Cookies, die in den bisherigen Beispielen verwendet wurden, gibt es noch eine Sonderform: Session-Cookies. Auch hierbei handelt es sich um eine kurze Information in Textform, die auf dem Computer des Anwenders abgespeichert wird. Der Unterschied besteht jedoch darin, dass diese für eine einzelne Sitzung vorgesehen ist. Session-Cookies bieten sich daher nur dazu an, die Informationen, die während der aktuellen Sitzung aufgenommen werden, abzuspeichern. Eine häufige Anwendung für diese Art von Cookies besteht beispielsweise darin, den Warenkorb beim Besuch eines Webshops zu erfassen.

Session-Cookies weisen im Vergleich zu gewöhnlichen Cookies einige Unterschiede auf. Der wichtigste besteht darin, dass sie nur für eine einzelne Sitzung gültig sind. Sobald der Anwender den Browser schließt, gehen die Informationen verloren. Das bedeutet, dass es nicht möglich ist, sie dauerhaft zu speichern. Ein weiterer Unterschied besteht darin, dass Session-Cookies die Möglichkeit bieten, mehrere Array-Felder zu gestalten. Bei gewöhnlichen Cookies ist nur ein Feld vorhanden. Wenn man darin mehrere Informationen abspeichern will, wird die Verwendung sehr unübersichtlich. Außerdem ist die Aufnahmekapazität begrenzt. Session-Cookies bieten sich hingegen an, wenn man umfangreichere Daten abspeichern will.

Um das Session-Cookie zu verwenden, ist es notwendig, den Befehl `session_start();` einzufügen. Dieser muss wie bei gewöhnlichen Cookies ganz zu Beginn des Dokuments stehen, bevor andere Inhalte übertragen werden.

Der Zugriff auf die Inhalte findet über die Variable `$_SESSION` statt. Um Werte zu speichern, muss man ein assoziatives Arrayfeld erzeugen. Um den Namen des Anwenders abzuspeichern, wäre beispielsweise folgender Befehl sinnvoll:

```
$_SESSION['Name'] = "Sebastian Braun";
```

Auf die gleiche Weise lassen sich weitere Felder hinzufügen – beispielsweise für die Kundennummer. Auch der Warenkorb soll aufgenommen werden. Hierfür ist es sinnvoll, nicht nur einen einzelnen Wert abzulegen, sondern ein komplettes mehrdimensionales Array. Dieses enthält alle gekauften Artikel – jeweils mit ihrer Artikelnummer und der Anzahl:

```
$_SESSION['Warenkorb'] = [[54321, 1],[5438 , 2]];
```

16

Nachdem die entsprechenden Werte gesetzt wurden, soll lediglich ein Link zu einer neuen Seite (mit der Bezeichnung session2.php) angezeigt werden:

```php
<?php
session_start();

$_SESSION['Name'] = "Sebastian Braun";
$_SESSION['Kundennummer'] = 12345;
$_SESSION['Warenkorb'] = [[54321, 1],[54326 , 2]];

?>
<a href = "session2.php">weiter</a>
```

In der Datei session2.php sollen die einzelnen Arrayfelder dann ausgewertet werden. Auch für diese Aufgabe ist es notwendig, zu Beginn den Befehl `session_start();` einzufügen. Danach erfolgt der Zugriff über die assoziativen Array-Felder. Die Ausgabe des Warenkorbs soll mit einer `foreach`-Schleife gestaltet werden:

```php
<?php
session_start();

print "Name: ".$_SESSION['Name']."<br>";
print "Kundennummer: ".$_SESSION['Kundennummer']."<br>";
print "Warenkorb:<br>";
foreach ($_SESSION['Warenkorb'] as $artikel)
{
print "Artikelnummer: ".$artikel[0]." Anzahl: ".$artikel[1]."<br>";
}
?>
```

Screenshot 58 Die Ausgabe der Daten des Session-Cookies

16.5 Anwendungsbeispiel: Eine Webseite mit Cookies gestalten

Nachdem nun die Verwendung von Cookies erklärt wurde, soll abschließend ein kleines Anwendungsbeispiel entstehen. Dieses umfasst eine Seite, die unterschiedliche Aktionen durchführen soll – je nachdem, ob bereits ein entsprechendes Cookie vorhanden ist. Ist das der Fall, soll sie die Daten des Kunden ausgeben. Das Cookie enthält dabei nur die Kundennummer. Die übrigen Daten sind in einer Datenbank abgespeichert.

Ist hingegen kein Cookie vorhanden, soll das Programm den Besucher dazu auffordern, sich entweder anzumelden oder sich neu zu registrieren. Um sich anzumelden, ist lediglich die Kundennummer notwendig. Das Programm ruft dann die zugehörigen Informationen aus der Datenbank ab. Wenn sich der Besucher hingegen neu registriert, muss er alle seine persönlichen Daten eingeben. Diese werden dann in der Datenbank abgelegt.

Zunächst ist es notwendig, mit dem Befehl CREATE DATABASE kundeDB; über phpMyAdmin eine neue Datenbank zu erstellen. Danach muss man zu dieser Datenbank wechseln und folgenden Befehl eingeben:

```
CREATE TABLE kunden
(k_id integer unsigned not null auto_increment primary key,
k_name varchar(40) not null,
k_vorname varchar(40) not null,
k_wohnort varchar(40) not null);
```

Dieser erzeugt eine neue Tabelle für die Aufnahme der Kundendaten. Diese ist im Vergleich zu realen Anwendungen etwas vereinfacht und enthält daher nur die ID, die als Kundennummer verwendet wird, den Namen, den Vornamen und den Wohnort. Anschließend ist es noch notwendig, mit dem Befehl GRANT ALL PRIVILEGES ON kundeDB . * TO 'user1'@'localhost'; dem bereits in den vorherigen Kapiteln erstellten Nutzer die Rechte für den Zugriff auf die entsprechende Datenbank zu erteilen. Nach diesen Vorarbeiten können

16

213

wir uns schließlich dem eigentlichen PHP-Programm widmen. Dieses soll in der Datei anwendungsbeispiel.php entwickelt werden.

Dieses Programm soll unterschiedliche Aktionen durchführen – je nachdem, ob ein Cookie vorhanden ist. Zunächst soll der Fall bearbeitet werden, dass dieses noch nicht existiert. Daher muss dieser Programmabschnitt in einer if-Abfrage mit folgender Bedingung stehen:

```
(empty($_COOKIE['Kundennummer']))
```

Wenn kein Cookie vorhanden ist, gibt es zwei Möglichkeiten. Eine Option besteht darin, dass der Besucher bereits registriert ist, dass er jedoch kein Cookie akzeptiert hat oder dass dieses schon abgelaufen ist. Darüber hinaus ist es möglich, dass seine Daten noch nicht registriert sind. Um für beide Fälle eine passende Eingabe zu erlauben, soll die Seite zwei Formulare ausgeben: eines für das Login und eines für die Registrierung. Um diese übersichtlich anzuordnen, sollen sie in einer HTML-Tabelle platziert werden. Deren Grundstruktur soll wie folgt aussehen:

```
<table>
<tr>
<td>Schon registriert:</td>
<td>Neu anmelden:</td>
</tr>
<tr>
<td>
<form method="post" action="anwendungsbeispiel.php">
Kundennummer: <input type=" text" name="kundennummer"><br><br>
<input type="submit" value="Senden">
</form>
</td>
<td>
<form method="post" action="anwendungsbeispiel.php">
Name: <input type="text" name="name"><br>
Vorname: <input type="text" name="vorname"> <br>
Wohnort: <input type="text" name="wohnort"> <br><br>
<input type="submit" value="Senden">
</form>
</td>
</tr>
</table>
```

Im nächsten Schritt ist es dann notwendig, diese Seitenstruktur in passende `print`-Befehle zu verpacken. Da der HTML-Code doppelte Anführungszeichen verwendet, ist es sinnvoll, für die PHP-Befehle stets einfache Anführungszeichen zu nutzen. Für die erste Anzeige-Option ergibt sich dann folgender Code:

```
if (empty($_COOKIE['Kundennummer']))
    {
        print '<table><tr><td>Schon registriert:</td>';
        print '<td>Neu anmelden:</td></tr><tr><td>';
        print '<form method="post"
        action=d nwendungsbeispiel.php">';
        print 'Kundennummer: <input type="text"
        name="kundennummer"><br><br>';
        print '<input type="submit" value="Senden">';
        print '</form>';
        print '</td><td>';
        print '<form method="post"
        action=d nwendungsbeispiel.php">';
        print 'Name: <input type="text" name="name"><br>';
        print 'Vorname: <input type="text"
        name="vorname"><br>';
        print 'Wohnort: <input type="text"
        name="wohnort"><br><br>';
        print '<input type="submit" value="Senden">';
        print '</form>';
        print '</td></tr></table>';
    }
```

Screenshot 59 Die Seite für die Anmeldung und die Registrierung

Die hier verwendeten Formulare rufen wieder die gleiche Seite (anwendungsbeispiel.php) auf. Das bedeutet, dass noch eine weitere Option

behandelt werden muss: wenn noch kein Cookie gesetzt ist, der Anwender das Formular jedoch bereits ausgefüllt hat. Daher muss dieser
Programmteil in der gleichen `if`-Abfrage wie der eben erstellte Code
stehen. Allerdings muss eine weitere `if`-Abfrage hinzugefügt werden,
die ermittelt, ob die entsprechenden `Request`-Felder vorhanden sind.
Es ist sinnvoll, diesen Teil vor den bisherigen Code zu setzen – jedoch
innerhalb der bereits vorhandenen `if`-Abfrage.

Hierbei bestehen zwei Möglichkeiten. Entweder hat der Anwender nur
seine Kundennummer eingegeben, um sich anzumelden, oder er hat
sich neu registriert. Beide Fälle müssen separat behandelt werden und
stehen daher in einer eigenen `if`-Abfrage. Wenn der Kunde bereits registriert ist und nur seine Kundennummer eingegeben hat, dann muss
die Bedingung so aussehen:

```
if (!empty($_REQUEST['kundennummer']))
```

Nun muss man zunächst überprüfen, ob die entsprechende Kundennummer tatsächlich existiert. (In der Praxis wäre es sicherlich noch
notwendig, sie mit einem Passwort zu bestätigen. Das soll hier jedoch
vernachlässigt werden.) Dazu wird ein `SELECT`-Befehl an die Datenbank
übermittelt, dessen `WHERE`-Klausel die über das Formular eingegebene
Kundennummer darstellt. Wenn diese nicht in der Tabelle enthalten
ist, hat der Rückgabewert keinen Inhalt. Ist sie hingegen vorhanden, besteht er aus einer Zeile. Daher wird auf das Ergebnis der `rowCount`-Be-
fehl angewendet. Dieser gibt die Zahl der im Rückgabewert enthalte-
nen Zeilen zurück. Für die Bedingung der folgenden `if`-Abfrage wird
daher überprüft, ob das Ergebnis des `rowCount`-Befehls größer als 0
ist – also ob die eingegebene Kundennummer in unserem Datensatz
vorhanden ist.

Wenn das Ergebnis dieser Abfrage positiv ist, setzt das Programm
das entsprechende Cookie, gibt eine Erfolgsmeldung aus und fügt einen Button ein, der die gleiche Seite erneut lädt. Daraufhin folgt ein
`else`-Block. Dieser wird demnach ausgeführt, wenn die eingegebene
Kundennummer nicht vorhanden ist. In diesem Fall gibt das Programm

einen entsprechenden Hinweis aus und fügt wieder einen Button ein, der die Seite neu lädt. Da beim erneuten Laden keine Werte aus dem Formular mehr vorhanden sind, erscheint das ursprüngliche Eingabefeld erneut. So kann der Besucher nochmals versuchen, die richtige Kundennummer einzugeben oder sich neu zu registrieren. Die Befehle innerhalb dieser if-Abfrage sehen dann so aus:

```
if (!empty($_REQUEST['kundennummer']))
{

    try
    {
        $sql = "SELECT * FROM kunden WHERE k_id = ".
        $_REQUEST['kundennummer] .";";
        $dbh = new PDO ("mysql:dbname=kundeDB;
        host=localhost", "user1", "abc");

        $rueckgabe = $dbh->query($sql );
        if ($rueckgabe->rowCount() > 0)
        {
            setcookie("Kundennummer",
            $_REQUEST['kundennummer'],time()+2592000}
            print"Erfolgreich angemeldet.";
            print '<form method="post"
            action="anwendungsbeispiel.php">';
            print '<input type="submit" value="Weiter">';
            print '</form>';
        }
        else
        {
            print "Kundennummer ungültig. Bitte erneut eingeben!";
            print '<form method="post"
            action="anwendungsbeispiel.php">';
            print '<input type="submit" value="Weiter">';
            print '</form>';
        }
    {
        $ergebnis = $rueckgabe->fetchAll(PDO::FETCH_ASSOC);
        $dbh = null;
    }
    catch(PDOException $e)
    {
        print $e->getMessage();
    }
}
```

16

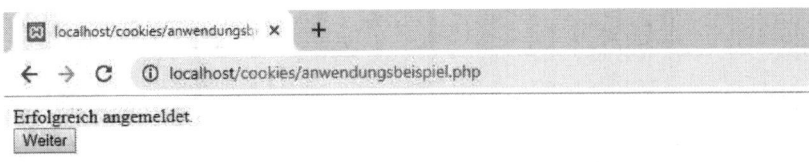

Screenshot 60 Die Ausgabe nach dem Login

Wenn der Anwender hingegen das Formular für die neue Registrierung
ausgefüllt hat, bedeutet das, dass die Felder name, vorname und wohnort vorhanden sind. Die Seite, die in diesem Fall erscheinen soll, soll in
einer elseif-Abfrage stehen. Deren Bedingung sieht so aus:

```
elseif (!empty($_REQUEST['name']) and !empty($_REQUEST['vorname'])
and !empty($_REQUEST['wohnort']))
```

Die wesentliche Aufgabe dieses Programmteils besteht darin, die eingegebenen Werte an die Datenbank zu übermitteln und das Cookie zu
setzen. Wie der Eintrag der Werte funktioniert, sollte bereits bekannt
sein und wird nicht weiter erläutert. Wenn nun das Cookie gesetzt werden soll, besteht jedoch das Problem, dass nicht bekannt ist, wie die
Kundennummer des neuen Kunden lautet. Außerdem wäre es wichtig,
diesen Wert über den Browser auszugeben, damit der Besucher erfährt,
welche Kundennummer er erhalten hat. Daher ist es sinnvoll, diesen
Wert nach der Eingabe der Daten zu ermitteln. Dazu wird eine neue
SQL-Abfrage durchgeführt, die den Inhalt der gesamten Tabelle erfasst.
Diese wird dann in einer foreach-Schleife komplett durchlaufen. Da-
rin wird der Variablen neueKundennummer bei jedem Durchlauf der
Wert des Feldes k_id zugewiesen. Da der neue Eintrag stets am Ende

hinzugefügt wird, ist sichergestellt, dass sie bei der Beendigung der Schleife den richtigen Wert hat. Daher kann man damit nun das Cookie setzen. Das ist an dieser Stelle problemlos möglich, obwohl bereits viel Code vorhanden ist. Das liegt daran, dass dieser keinerlei Ausgaben erzeugt hat. Daher lässt sich das Cookie noch in den Header einfügen.

Danach folgen eine Erfolgsmeldung, die Ausgabe der neuen Kundennummer und ein Button, der die Seite erneut lädt:

```
elseif (!empty($_REQUEST['name']) and
        !empty($_REQUEST['vorname] ) and
        !empty($_REQUEST['wohnort] ))
    {
        $sql = "INSERT INTO kunden (k_name, k_vorname,
        k_wohnort)". "VALUES ('".$_REQUEST['name']
        "', '".$_REQUEST['vorname']."', '".
        $_REQUEST['wohnort']."');";

        $sql2 = "SELECT * FROM kunden;";
        try
        {
            $dbh = new PDO ("mysql:dbname=kundeDB;
                host=localhost", "user1", "abc");
            $dbh->query($sql);
            $rueckgabe = $dbh->query($sql2);
            $ergebnis = $rueckgabe
            ->fetchAll(PDO::FETCH_ASSOC);
            foreach ($ergebnis as $inhalt)
            {
                $neueKundennummer = $inhalt['k_id'];
            }
            setcookie("Kundennummer", $neueKundennummer,
                    time()+2592000);
            print"Ihre Daten wurden gespeichert.<br>";
            print "Ihre Kundennummer: " .$neueKundennummer;
            print '<form method="post"
            action="anwendungsbeispiel.php">';
            print '<input type="submit"
            value="Weiter">';
            print '</form>';

            $dbh = null;
        }
```

16

219

```
catch(PDOException $e)
{
    print $e->getMessage();
}
}
}
```

Screenshot 61 Die Ausgabe bei einer neuen Registrierung

Nun ist es noch notwendig, den Programmbereich, der die Formulare für das Login beziehungsweise für die Registrierung erzeugt, in einen else-Block zu stellen. Das stellt sicher, dass die Formulare nicht angezeigt werden, wenn der Anwender seine Daten gerade eingegeben hat.

Im letzten Schritt soll nun die Seite erzeugt werden, die erscheint, wenn bereits ein Cookie vorhanden ist. Dieser Bereich muss in einem else-Block stehen, der sich auf die allererste if-Abfrage des Programms bezieht. Diese überprüft, ob noch kein Cookie gesetzt ist. Wenn dieses jedoch vorhanden ist, muss die Anzeige entsprechend angepasst werden. Diese soll die im Cookie gespeicherte Kundennummer auslesen und die zugehörigen Werte aus der Datenbank abrufen und ausgeben. Darüber hinaus ist es sinnvoll, zu überprüfen, ob die Kundennummer überhaupt vorhanden ist. Das sollte zwar in der Regel der Fall sein, doch ist es auch nicht vollkommen auszuschließen, dass einmal ein Fehler beim Setzen des Cookies passiert.

Die Abfrage, ob der im Cookie gespeicherte Inhalt in der Tabelle enthalten ist, erfolgt wieder nach dem bekannten Muster. Lediglich ist es wichtig, darauf zu achten, dass sich die `WHERE`-Klausel des `SELECT`-Befehls nun nicht auf das Formularfeld sondern auf den Wert des Cookies bezieht. Um zu überprüfen, ob der entsprechende Wert vorhanden ist, kommt wieder der `rowCount`-Befehl zum Einsatz. Wenn dabei eine Übereinstimmung auftritt, füllt das Programm die Variablen `name`, `vorname` und `wohnort` mit den entsprechenden Werten. Da jede Kundennummer nur ein einziges Mal vergeben wird, ist davon auszugehen, dass in diesem Fall nur eine einzige Zeile vorhanden ist. Daher kann man auf diese direkt zugreifen, indem man zum Array `ergebnis` den Index `[0]` hinzufügt:

```
$sql = "SELECT * FROM kunden WHERE k_id = " . $_
COOKIE['Kundennummer'].";";
$dbh = new PDO ("mysql:dbname=kundeDB; host=localhost", "user1",
"abc");

$rueckgabe = $dbh->query($sql);
if ($rueckgabe->rowCount() > 0)
{
    $ergebnis = $rueckgabe->fetchAll(PDO::FETH_ASSOC);
    print "Herzlich willkommen!<br>";
    print "Ihre Daten:<br>";
    print "Kundennummer: ".$_COOKIE['Kundennummer']."<br>";
    print "Name: ".$ergebnis[0]['k_name']."<br>";
    print "Vorname: ".$ergebnis[0]['k_vorname']."<br>";
    print "Wohnort: ".$ergebnis[0]['k_wohnort']."<br>";
}
```

Wenn der Kunde nicht vorhanden ist, soll das Cookie ungültig gemacht werden. Das geschieht mit dem `setcookie`-Befehl. Allerdings sollen dabei vom `time()`-Befehl einige Sekunden abgezogen werden. Das stellt sicher, dass das Ablaufdatum in der Vergangenheit liegt und das Cookie somit ungültig ist. Danach erfolgt eine Fehlermeldung und ein Button, der die Seite neu lädt.

Wenn der Kunde hingegen vorhanden ist, soll das Programm diesen willkommen heißen und seine gespeicherten Daten anzeigen. Der letzte Teil sieht dann so aus:

```php
else
{
    try
    {
        $sql = "SELECT * FROM kunden WHERE k_id = ".
               $_COOKIE['Kundennummer'].";";
        $dbh = new PDO ("mysql:dbname=kundeDB;
        host=localhost", "user1", "abc");

        $rueckgabe = $dbh->query($sql );
        if ($rueckgabe->rowCount() > 0)
        {
            $ergebnis = $rueckgabe
            ->fetchAll(PDO::FETCH_ASSOC);
            print "Herzlich willkommen!<br>";
            print "Ihre Daten:<br>";
            print "Kundennummer: " .
            $_COOKIE['Kundennummer']."<br>";
            print "Name: " .
            $ergebnis[0]['k_name']."<br>";
            print "Vorname: " .
            $ergebnis[0]['k_vorname']."<br>";
            print "Wohnort: " .
            $ergebnis[0]['k_wohnort']."<br>";
        }
        else
        {
            setcookie("Kundennummer", 0, time()-10);
            print"Cookie-Daten ungültig!";
            print '<form method="post"
            action="anwendungsbeispiel.php">';
            print '<input type="submit"
            value="Weiter">';
            print '</form>';
        }
        $dbh = null;
    }

    catch(PDOException $e)
    {
        print $e->getMessage();
    }
}
```

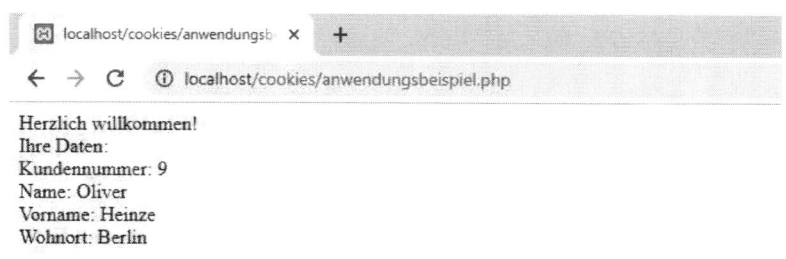

Screenshot 62 Die Begrüßung des Kunden und die Ausgabe der Daten

Damit ist die Seite komplett abgeschlossen. Sie gibt nun stets eine passende Anzeige aus – je nachdem, ob ein Cookie vorhanden ist oder ob der Anwender die Formularfelder ausgefüllt hat. Der komplette Code sieht so aus:

```php
<?php

if (empty($_COOKIE['Kundennummer']))
{
    if (!empty($_REQUEST['kundennummer']))
    {
        try
        {
            $sql = "SELECT * FROM kunden WHERE k_id = ".
                $_REQUEST['kundennummer'].";";
            $dbh = new PDO ("mysql:dbname=kundeDB;
            host=localhost", "user1", "abc");


            $rueckgabe = $dbh->query($sql);
            if ($rueckgabe->rowCount() > 0)
            {
                setcookie("Kundennummer",
                $_REQUEST['kundennummer'], time()+2592000);
                print"Erfolgreich angemeldet.";
                print '<form method="post"
                action="anwendungsbeispiel.php">';
                print '<input type="submit" value="Weiter">';
```

16

223

```php
            print '</form>';
        }
        else
        {
            print "Kundennummer ungültig. Bitte
            erneut eingeben!";
            print '<form method="post"
            action="anwendungsbeispiel.php">';
            print '<input type="submit" value="Weiter">';
            print '</form>';
        }

        $ergebnis = $rueckgabe
        ->fetchAll(PDO::FETCH_ASSOC);

        $dbh = null;
    }
    catch(PDOException $e)
    {
        print $e->getMessage();
    }
}
elseif (!empty($_REQUEST['name']) and
!empty($_REQUEST['vorname] ) and
!empty($_REQUEST['wohnort'] )
{
    $sql = "INSERT INTO kunden (k_name, k_vorname,
    k_wohnort)" "VALUES (:name, :vorname, :wohnort);";
    $sql2 = "SELECT * FROM kunden;";
    try
    {
        $dbh = new PDO ("mysql:dbname=kundeDB;
        host=localhost", "user1", "abc");

        $eingabe = $dbh->prepare($sql);
        $eingabe->bindParam(':name',
        $_REQUEST['name'], PDO::PARAM_STR, 40);
        $eingabe->bindParam(':vorname',
        $_REQUEST['vorname'], PDO::PARAM_STR, 40);
        $eingabe->bindParam(':wohnort', $_REQUEST['wohnort'],
        PDO::PARAM_STR, 40);
        $eingabe->execute();

        $rueckgabe = $dbh->query($sql2);
        $ergebnis = $rueckgabe
        ->fetchAll(PDO::FETCH_ASSOC);
        foreach ($ergebnis as $inhalt)
```

```
        {
                $neueKundennummer = $inhalt['k_id'];
        }
        setcookie("Kundennummer", $neueKundennummer,
                        time()+2592000);
        print"Ihre Daten wurden gespeichert.<br>";
        print "Ihre Kundennummer: " .
        $neueKundennummer;
        print '<form method="post"
        action="anwendungsbeispiel.php">';
        print '<input type="submit"
        value="Weiter">';
        print '</form>';

        $dbh = null;
    }

    catch(PDOException $e)
    {
        print $e->getMessage();
    }
}

else
{
    print '<table><tr><td>Schon registriert:</td>';
    print '<td>Neu anmelden:</td></tr><tr><td>';
    print '<form method="post"
    action="anwendungsbeispiel.php">';
    print 'Kundennummer: <input type="text"
    name="kundennummer"><br><br>';
    print '<input type="submit" value="Senden">';
    print '</form>';
    print '</td><td>';
    print '<form method="post"
    action="anwendungsbeispiel.php">';
    print 'Name: <input type="text" name="name"><br>';
    print 'Vorname: <input type="text"
    name="vorname"><br>';
    print 'Wohnort: <input type="text"
    name="wohnort"><br><br>';
    print '<input type="submit" value="Senden">';
    print '</form>';
    print '</td></tr></table>';
}
}
```

16

```php
else
{
    try
    {
        $sql = "SELECT * FROM kunden WHERE k_id = ".
                $_COOKIE['Kundennummer'].";";
        $dbh = new PDO ("mysql:dbname=kundeDB;
        host=localhost", "user1", "abc");

        $rueckgabe = $dbh->query($sql);
        if ($rueckgabe->rowCount() > 0)
        {
            $ergebnis = $rueckgabe
            ->fetchAll(PDO::FETCH_ASSOC);
            print "Herzlich willkommen!<br>";
            print "Ihre Daten:<br>";
            print "Kundennummer: " .
            $_COOKIE['Kundennummer']."<br>";
            print "Name: " .
            $ergebnis[0]['k_name']."<br>";
            print "Vorname: " .
            $ergebnis[0]['k_vorname']."<br>";
            print "Wohnort: " .
            $ergebnis[0]['k_wohnort']."<br>";
        }
        else
        {
            setcookie("Kundennummer", 0, time()-10);
            print"Cookie-Daten ungültig!";
            print '<form method="post"
            action="anwendungsbeispiel.php">';
            print '<input type="submit"
            value="Weiter">';
            print '</form>';
        }
        $dbh = null;
    }

    catch(PDOException $e)
    {
        print $e->getMessage();
    }
}
?>
```

16.6 Übungsaufgabe: Cookies selbst erstellen

1. Erstellen Sie eine Seite, die den Namen des Besuchers abfragt. Leiten Sie den Anwender daraufhin zu einer neuen Seite weiter.

2. Gestalten Sie auch diese Seite. Das zugehörige Programm soll ein Array mit einigen Namen und dem zugehörigen Alter enthalten. Überprüfen Sie, ob der Name im Array vorhanden ist. Speichern Sie in diesem Fall den Namen und das Alter in einem Session-Cookie und fordern Sie den Besucher zur Bestätigung der Werte auf. Leiten Sie ihn daraufhin zu einer neuen Seite weiter. Trifft dies nicht zu, leiten Sie ihn zur ersten Seite zurück.

3. Überprüfen Sie auf dieser Seite anhand der Session-ID das Alter des Besuchers. Wenn er über 18 ist, heißen Sie ihn willkommen. Sollte das nicht zutreffen, geben Sie einen entsprechenden Hinweis aus.

16

Lösungen:

1.

```php
<?php

print '<form method="post" action="aufgabe1.2.php">';
print 'Name: <input type="text" name="name"><br><br>';
print '<input type="submit" value="Weiter">';
print '</form>';

?>
```

2.

```php
<?php
$nutzer = [["Sebastian",24],["Marianne", 64],["Karsten",14]];

if (!empty($_REQUEST['name']))
{
    setcookie("Besucher", $_REQUEST['name'], time()+2592000);
}
$nameVorhanden = false;
foreach ($nutzer as $inhalt)
{
    if ($inhalt[0] == $_REQUEST['name'])
    {
        $alter = $inhalt[1];
        $nameVorhanden = true;
    }

}

if ($nameVorhanden)
{
    session_start();

    $_SESSION['Name'] = $_REQUEST['name'];
    $_SESSION['Alter'] = $alter;
    print 'Ihre Daten:<br>';
    print 'Name: '.$_REQUEST['name']."<br>";
    print 'Alter: '.$alter."<br>";
    print '<form method="post" action="aufgabe1.3.php">';
    print '<input type="submit" value="Bestätigen">';
    print '</form>';
}
```

```
else
{
    print 'Name nicht gespeichert.';
    print '<form method="post" action="aufgabe1.1.php">';
    print '<input type="submit" value="Weiter> ';
    print '</form>';
}

?>
```

3.

```
<?php
session_start();

if ($_SESSION['Alter'] < 18)
{
    print 'Zugang unter 18 Jahren nicht möglich.';
}
else
{
    print 'Herzlich willkommen!';
}
?>
```

16

Alle Programmcodes aus diesem Buch sind als PDF zum
Download verfügbar. Dadurch müssen Sie sie nicht abtippen:
https://bmu-verlag.de/books/php-mysql/

Außerdem erhalten Sie die eBook Ausgabe zum Buch im
PDF Format kostenlos auf unserer Website:

https://bmu-verlag.de/books/php-mysql/
Downloadcode: siehe Kapitel 18

Kapitel 17

Fortgeschrittene PHP-Funktionen: E-Mails automatisch versenden und PDFs erzeugen

PHP ist eine Programmiersprache, die speziell für die Gestaltung von Webseiten entwickelt wurde. Bei unseren bisherigen Programmen haben wir sie genau zu diesem Zweck angewendet. Die Programme haben HTML-Code (beziehungsweise für eine Vereinfachung des Programms reinen Text) ausgegeben. Dieser wurde dann mithilfe der XAMPP-Webserver-Software in einem Webbrowser ausgegeben. Davon abgesehen verwendeten wir in unseren Programmen jedoch gewöhnliche Programmierbefehle, die in ähnlicher Form auch bei fast allen übrigen Programmiersprachen vorkommen.

PHP bietet darüber hinaus jedoch auch einige Spezialfunktionen, die insbesondere für Webanwendungen von großer Bedeutung sind. Wenn man beispielsweise ein Kontaktformular einrichtet, dann ist es sinnvoll, das Ergebnis direkt per E-Mail zu verschicken. In vielen Fällen ist es auch zweckmäßig, ein PDF-Dokument zu erzeugen. Insbesondere Rechnungen für Webshops werden auf diese Weise häufig automatisch generiert. Dieses Kapitel stellt vor, wie diese fortgeschrittenen Funktionen in das PHP-Programm zu integrieren sind.

17.1   Textmails mit PHP versenden

PHP bietet eine Funktion mit der Bezeichnung `mail()`. Diese ermöglicht es, E-Mails zu versenden. Wenn man diese in ein Programm einfügt und dieses dann über den Webbrowser aufruft, kommt es jedoch zu einer Fehlermeldung. Das liegt daran, dass die Konfiguration der XAMPP-Software in den Standardeinstellungen nicht auf diese Aufgabe ausgerichtet ist. Deshalb ist es notwendig, vor der Verwendung dieser Funktion die Einstellungen entsprechend anzupassen.

Da die XAMPP-Software keinen Zugriff auf einen eigenen Mail-Server beinhaltet, ist es notwendig, die E-Mails über einen externen Server zu versenden. Dafür kann man im Prinzip jegliche beliebige E-Mail-Adresse verwenden. Allerdings muss man dabei je nach Anbieter die Konfiguration entsprechend anpassen.

Um exemplarisch zu erklären, wie die Konfiguration des Servers aussehen muss, wurde für dieses Lehrbuch die Gmail-Adresse lehrbuch. test@gmail.com erstellt. Das zugehörige Passwort lautet a1b2c3d4+. Um die Beispiele nachzustellen, benötigt jeder Leser jedoch einen eigenen Account. Wer bereits ein Konto bei Google mit einer zugehörigen Gmail-Adresse eingerichtet hat, kann die bestehende Adresse verwenden. Ist das nicht der Fall, ist es empfehlenswert, für diese Programme einen entsprechenden Account einzurichten. Unter gmail. com ist dies kostenfrei möglich. Alternativ dazu kann man auch eine Adresse eines anderen Anbieters zu verwenden. In diesem Fall ist es jedoch notwendig, die entsprechenden Server-Daten selbst im Internet zu recherchieren.

Um das Versenden von E-Mails zu ermöglichen, muss man zunächst folgende Datei mit einem Texteditor aufrufen: C:\xampp\php\php.ini. Dabei handelt es sich um ein recht langes Text-Dokument. Darin muss man nun die Überschrift [mail function] suchen und im darauf folgenden Abschnitt einige Änderungen vornehmen. Die Zeile, die mit dem Ausdruck SMTP beginnt, muss man folgendermaßen abändern: SMTP=smtp.gmail.com. Die Zeile mit dem Begriff smtp_port muss so aussehen: smtp_port=587. Wenn man einen anderen Mailanbieter gewählt hat, ist es notwendig, die Werte hierbei entsprechend anzupassen.

```
Datei  Bearbeiten  Format  Ansicht  ?
;phar.cache_list =

[mail function]
; For Win32 only.
; http://php.net/smtp
SMTP=smtp.gmail.com
; http://php.net/smtp-port
smtp_port=587

; For Win32 only.
; http://php.net/sendmail-from
; sendmail_from =

; For Unix only.  You may supply arguments as well (default: "sendmail -t -i").
; http://php.net/sendmail-path
; sendmail_path = |
```

Screenshot 63 Die Veränderung der Datei php.ini

Danach ist es noch notwendig, die Datei C:\xampp\sendmail\send-mail.ini zu bearbeiten. Sie muss ebenfalls mit einem Texteditor ge-öffnet werden. Unter der Überschrift [sendmail] befindet sich hier wieder eine Zeile mit dem Begriff smtp_server. Diese muss genau wie in der vorherigen Datei zu smtp_server=smtp.gmail.com ab-geändert werden. Auch der port muss wie soeben beschrieben ange-passt werden: smtp_port=587. Etwas weiter unten ist es dann noch notwendig, den User-Namen und das Passwort des entsprechenden E-Mail-Accounts einzugeben – in den Zeilen, die mit den Begriffen auth_username und auth_password beginnen. Der Account, der für dieses Lehrbuch zum Einsatz kommt, verwendet die folgenden Daten:

```
auth_username=lehrbuch.test@gmail.com
auth_password=a1b2c3d4+
```

An dieser Stelle muss jedoch jeder Leser seine persönlichen Zugangs-daten eingeben. Einige Zeilen später ist der Begriff force_sender zu finden. Auch diese Vorgabe muss dem verwendeten E-Mail-Account entsprechend angepasst werden:

```
force_sender=lehrbuch.test@gmail.com
```

17

```
Datei  Bearbeiten  Format  Ansicht  ?
; uncomment to enable debugging

debug_logfile=debug.log

; if your smtp server requires authentication, modify the following two lines

auth_username=lehrbuch.test@gmail.com
auth_password=a1b2c3d4+

; if your smtp server uses pop3 before smtp authentication, modify the
; following three lines. do not enable unless it is required.

pop3_server=
pop3_username=
pop3_password=

; force the sender to always be the following email address
; this will only affect the "MAIL FROM" command, it won't modify
; the "From: " header of the message content

force_sender=lehrbuch.test@gmail.com

; force the sender to always be the following email address
; this will only affect the "RCTP TO" command, it won't modify
```

Screenshot 64 Die Bearbeitung der Datei sendmail.ini

Nachdem diese Vorarbeiten abgeschlossen sind, ist es möglich, die
`mail`-Funktion in einem Programm zu verwenden. Diese ist folgendermaßen aufgebaut:

```
mail(Empfänger, Betreff, Inhalt, Absender);
```

Dabei ist es sinnvoll, die entsprechenden Werte jeweils zunächst in
einer Variablen abzuspeichern. So kann man sie anschließend ganz
einfach in die Funktion einfügen. Beim Empfänger ist es empfehlenswert, eine eigene E-Mail-Adresse zu wählen. Auf diese Weise ist
es möglich, zu überprüfen, ob das Programm die Mail ordnungsgemäß versendet. Für den Absender kann man jeden beliebigen Namen wählen. Diesem muss man allerdings den Begriff `From` und
einen Doppelpunkt voranstellen. Die fertige Funktion sieht dann
wie folgt aus:

```php
<?php
$empfaenger = "lehrbuch@gmx.com";
$betreff = "PHP-Kurs";
$from = "From: Sebastian Maier";
$text = "Vielen Dank, dass Sie an unserem PHP-Kurs teilnehmen!\n".
    "Hier lernen Sie, wie Sie mit PHP E-Mails versenden.";
    mail($empfaenger, $betreff, $text, $from);
?>
```

Wenn man dieses Programm nun im Browser aufruft, erscheint lediglich ein leeres Feld. Allerdings sollte man kurz danach im Posteingang des vorgegebenen Empfängers eine neue Nachricht vorfinden (gegebenenfalls ist es sinnvoll, auch im Spam-Ordner nachzuschauen). Diese enthält alle Elemente, die in der `mail`-Funktion vorgegeben wurden:

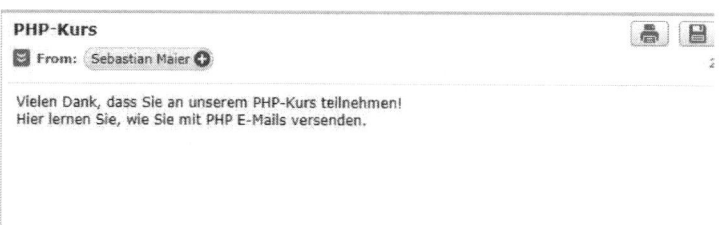

Screenshot 65 Die zugestellte E-Mail

Anstatt eine einfache Text-Mail zu versenden, ist es mit der `mail`-Funktion auch möglich, HTML-Mails zu erstellen. Hierzu ist es jedoch notwendig, die Variable, die bisher lediglich den Absender angibt, zu erweitern. Wichtig ist es, den Typ hinzuzufügen: "`Content-Type: text/html\r\n`". Diese Angabe muss in das gleiche Feld geschrieben werden wie der Absender. Damit sie beachtet wird, ist es notwendig, nach der bisherigen Angabe einen Zeilenumbruch (`\r\n`) einzufügen. Die Gestaltung der Variablen `from` sieht dann so aus:

```php
$from = "From: Sebastian Maier\r\n";
$from .= "Content-Type: text/html\r\n";
```

Nun kann man den Inhalt der Variablen `text` mit HTML-Tags formatieren. Ein vollständiges Programm für die Versendung einer HTML-Mail sieht dann so aus:

```php
<?php

$empfaenger = "lehrbuch@gmx.com";
$betreff = "PHP-Kurs";
$from = "From: Sebastian Maier\r\n";
$from .= "Content-Type: text/html\r\n";
$text = "<h1>PHP-Kurs</h1><p>Vielen Dank, dass Sie an unserem ".
    "<strong>PHP-Kurs</strong> teilnehmen!</p><p>Hier lernen
    Sie, wie Sie mit <strong>PHP</strong> E-Mails versenden.</p>";

mail($empfaenger, $betreff, $text, $from);

?>
```

PHP-Kurs

From: Sebastian Maier

PHP-Kurs

Vielen Dank, dass Sie an unserem **PHP-Kurs** teilnehmen!
Hier lernen Sie, wie Sie mit **PHP** E-Mails versenden.

Screenshot 66 Die formatierte HTML-Mail

17.2 Anhänge versenden

Eine gewöhnliche Text- oder HTML-Mail mit der `mail`-Funktion zu versenden, war sehr einfach. Wenn man jedoch eine E-Mail mit Anhang versenden will, wird das bei der Verwendung dieser Funktion deutlich komplizierter. In diesem Fall ist es notwendig, die einzelnen Dateien zunächst auszulesen, in Textform umzuwandeln und in den Header der Datei zu integrieren. Dafür ist nicht nur ein hohes Fachwissen erforderlich. Darüber hinaus ist diese Methode anfällig gegenüber Fehlern.

Aus diesem Grund ist es sinnvoll den PHPMailer zu verwenden. Dabei handelt es sich um eine Sammlung von Klassen und Methoden, die zahlreiche Funktionen für das Versenden von E-Mails bereitstellen. Auf diese Weise benötigt man für viele Aufgaben nur eine einzige Befehlszeile, für die mit der `mail`-Funktion Dutzende Code-Zeilen notwendig wären. Das erleichtert die Arbeit erheblich – beispielsweise beim Versenden von Mails mit einem Anhang.

Um dieses Paket zu nutzen, muss man es jedoch zunächst installieren. Hierfür ist es notwendig, folgenden Link aufzurufen:

https://getcomposer.org/download/

Hier muss man dann unter der Überschrift Windows Installer auf den Link Composer-Setup.exe klicken. Wenn man den Installations-Assistenten heruntergeladen hat, muss man das Programm nach den Standard-Einstellungen installieren. Während des Konfigurations-Prozesses erscheint unter anderem folgende Angabe: "Choose the command-line PHP you want to use:" Im daraufhin erscheinenden Auswahlfeld sollte dann die Datei C:\xampp\php\php.exe vorhanden sein. Ist das nicht der Fall, muss man sie aus dem entsprechenden Verzeichnisbaum auswählen.

Danach ist es notwendig, einen Kommandozeileninterpreter zu öffnen. Dazu kann man beispielsweise den Dateinamen cmd.exe in die Suchfunktion eingeben. Nun muss man in das Verzeichnis wechseln, in dem XAMPP installiert ist (mit dem Befehl cd um das Verzeichnis zu wechseln). Wenn man dort angekommen ist, muss man mit dem Befehl md composer einen neuen Ordner einrichten. In diesem wird dann der PHPMailer installiert. Dazu muss man zunächst in dieses Verzeichnis wechseln (cd composer). Danach ist es erforderlich, folgenden Befehl einzugeben:

```
composer require phpmailer/phpmailer
```

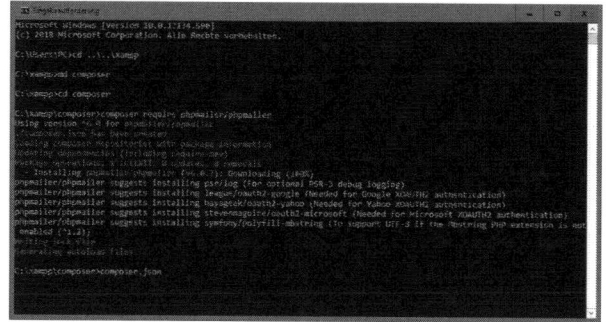

Screenshot 67 Die Installation des PHPMailers

Nach dieser Vorarbeit ist der PHPMailer installiert und wir können ihn in unseren Programmen verwenden. Um ein Attachment zu versenden, muss allerdings auch eine entsprechende Datei vorhanden sein. Daher soll zunächst eine PDF-Datei mit dem Namen pdf1.pdf erstellt und im gleichen Ordner wie das Programm abgelegt werden. Der Inhalt kann dabei beliebig gestaltet werden.

Um den PHPMailer zu verwenden, muss man ihn zunächst in das Programm einbinden. Zu diesem Zweck sind ganz oben stets folgende Befehlszeilen nötig:

```
use PHPMailer\PHPMailer\PHPMailer;
use PHPMailer\PHPMailer\Exception;
require 'C:\xampp\composer\vendor\autoload.php';
```

Danach muss man ein Objekt vom Typ PHPMailer erstellen:

```
$mail = new PHPMailer();
```

Nun kann man verschiedene Methoden aufrufen, um die Inhalte und die Details zum Versenden der Mail vorzugeben:

```
$mail->setFrom('lehrbuch.test@gmail.com', 'Sebastian Maier');

$mail->addAddress('lehrbuch@gmx.com', 'Susanne Becker');

$mail->Subject = 'Mail mit Anhang';

$mail->Body = 'Diese Mail enthält einen Anhang';
```

Die Methode setFrom erlaubt es, den Absender vorzugeben. Mit der Methode addAdress kann man den Empfänger hinzufügen. Bei beiden Methoden muss zunächst eine E-Mail-Adresse stehen. Danach folgt optional ein Name. Die Methoden Subject und Body geben den Betreff und den Inhalt der Mail vor.

Um der Mail einen Anhang hinzuzufügen, kommt die Methode addAttachment zum Einsatz. Diese erhält als Argument lediglich den Namen der Datei, die als Anhang versendet werden soll:

238

```
$mail->addAttachment('pdf1.pdf');
```

Damit ist das Programm zum Versenden einer Mail mit Anhang bereits abgeschlossen. Der vollständige Code sieht so aus:

```php
<?php

use PHPMailer\PHPMailer\PHPMailer;
use PHPMailer\PHPMailer\Exception;
require 'C:\xampp\composer\vendor\autoload.php';
$mail = new PHPMailer();

$mail->setFrom('lehrbuch.test@gmail.com', 'Sebastian Maier');

$mail->addAddress('lehrbuch@gmx.com', 'Susanne Becker');

$mail->Subject = 'Mail mit Anhang';

$mail->Body = 'Diese Mail hat einen Anhang.';

$mail->addAttachment('pdf1.pdf');

$mail->send();
?>
```

Screenshot 68 Nun erscheint ein Anhang zusammen mit der Mail.

17.3 PDFs mit PHP erzeugen

Für zahlreiche Webanwendungen ist es sinnvoll, ein PDF-Dokument zu erzeugen – insbesondere wenn man den Besuchern die Möglichkeit geben will, die Inhalte herunterzuladen. PHP ermöglicht es, PDF-Dokumente dynamisch zu erstellen.

Allerdings ist auch hierfür ein geeignetes Hilfsmittel notwendig. Dafür gibt es verschiedene Möglichkeiten. Dieses Lehrbuch stellt die Verwendung von TCPDF vor. Diese Bibliothek ist kostenlos erhältlich und einfach anzuwenden. Darüber hinaus bietet sie den Vorteil, dass man das Layout der PDF-Dokumente mit HTML gestalten kann. Da jeder PHP-Programmierer über solide HTML-Kenntnisse verfügen sollte, macht das die Aufgabe besonders einfach.

Um TCPDF zu nutzen, ist es notwendig, die Bibliothek unter folgendem Link herunterzuladen: https://github.com/tecnickcom/tcpdf. Auf diese Weise erhält man eine zip-Datei, die man im gleichen Ordner wie das eigentliche Programm entpacken sollte.

Um die Bibliothek einzubinden, ist folgender Befehl notwendig:

```
require_once('TCPDF-master/tcpdf.php');
```

Dabei ist es wichtig, darauf zu achten, vor der Verwendung den Pfadnamen zu überprüfen und gegebenenfalls anzupassen. Der Name des verwendeten Ordners kann sich je nach Version leicht unterscheiden. In jedem Fall ist es notwendig, die Datei tcpdf.php einzubinden, die in der zip-Datei enthalten ist.

Danach kann man den Inhalt des PDF-Dokuments mit HTML gestalten. Dieser wird in der Variablen html abgespeichert. Um das Beispiel so einfach wie möglich zu halten, besteht er nur aus zwei Elementen:

```
$html = "<h1>PDF</h1>";
$html .= "<p>Hier lernen Sie, wie man mit PHP ein PDF-Dokument
erstellt.</p>";
```

Danach muss man noch den gewünschten Namen für das Dokument vorgeben und in der Variablen datei speichern:

```
$datei = "MeinPDF.pdf";
```

Nun ist es notwendig, ein neues Objekt dieser Klasse zu erzeugen:

```
$pdf = new TCPDF();
```

Nun wäre es möglich, weitere Informationen wie den Autor, den Titel und seitliche Ränder anzugeben. All diese Elemente sollen hier jedoch nicht verwendet werden, um das Beispiel so einfach wie möglich zu gestalten. Wer später etwas ansprechendere PDF-Dokumente erstellen will, kann sich unter https://tcpdf.org/docs/srcdoc/TCPDF/class-TCPDF/ über die hierfür notwendigen Befehle informieren.

Daher besteht der nächste Schritt bereits darin, eine neue Seite zu erzeugen:

```
$pdf->AddPage();
```

Danach ist es notwendig, den in der Variablen `html` gespeicherten Inhalt in das Dokument zu schreiben:

```
$pdf->writeHTML($html);
```

Danach kann man das Dokument bereits ausgeben. In diesem Beispiel soll es direkt über den Browser ausgegeben werden. Dazu dient folgender Befehl:

```
$pdf->Output($datei, 'I');
```

Damit ist das Programm abgeschlossen. Der komplette Code sieht so aus:

```
<?php
require_once('TCPDF-master/tcpdf.php');
```

17

```
$html = "<h1>PDF</h1>";
$html .= "<p>Hier lernen Sie, wie man mit PHP ein PDF-Dokument
erstellt.</p>";
$datei = "MeinPDF.pdf";

$pdf = new TCPDF();

$pdf->AddPage();

$pdf->writeHTML($html);

$pdf->Output($datei, 'I');
?>
```

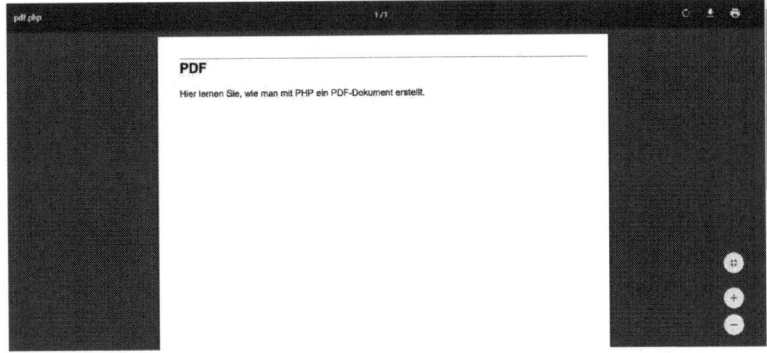

Screenshot 69 Die Ausgabe des PDF-Dokuments im Browser

Anstatt das PDF-Dokument im Browser anzuzeigen, ist es auch möglich, die Datei auf dem Computer abzulegen. Dazu muss man lediglich die letzte Befehlszeile ändern und dafür folgenden Code verwenden:

```
$pdf->Output(dirname(__FILE__).'/'.$datei, 'F');
```

Der Befehl dirname(__FILE__) gibt dabei stets den Pfadnamen des Ordners an, in dem sich das PHP-Programm befindet. Die PDF-Datei wird daher unter dem vorgegebenen Namen im gleichen Ordner abgelegt. Anstatt dessen wäre es auch möglich, einen konstanten Pfadnamen einzugeben.

17.4   Anwendungsbeispiel: Eine PDF-Rechnung erstellen und als Anhang versenden

Um die Anwendung der in diesem Kapitel behandelten Themen zu verdeutlichen, soll zum Abschluss ein kleines Anwendungsbeispiel entstehen. Dieses besteht zum einen aus einer Seite, die es ermöglicht, verschiedene Produkte zu bestellen. Außerdem ist jeweils ein Feld für die Eingabe der E-Mail-Adresse und des Namens vorhanden. Darüber hinaus gibt es einen Button, der die Bestellung bestätigt.

Dieser soll zu einer neuen Seite weiterleiten. Das zugehörige Programm erstellt zunächst ein PDF-Dokument mit der Rechnung. Auf Details wie die Anschrift, den Absender, die Bankverbindung und die Steuernummer soll dabei verzichtet werden. Bei einem Programm für den realen Einsatz wäre es selbstverständlich notwendig, diese Informationen hinzuzufügen. Dafür wäre es sinnvoll, die Kundendaten in einer Datenbank zu hinterlegen und sie daraufhin im Programm abzurufen. Damit das Anwendungsbeispiel einfach und übersichtlich bleibt, besteht die Rechnung jedoch lediglich aus der Anzahl der bestellten Produkte, dem Preis der einzelnen Posten und dem Gesamtpreis.

Das Programm soll die Rechnung auf dem Server abspeichern. Danach versendet es eine Mail an die vom Besucher eingegebene Adresse und übermittelt das erstellte PDF-Dokument als Anhang.

Auf der Seite für die Aufgabe der Bestellung sollen drei Produkte aufgelistet werden. Danach steht ein Feld, in das der Besucher die gewünschte Anzahl eintragen kann. Anschließend folgen die Felder für die E-Mail-Adresse und für den Namen. Dafür ist lediglich ein HTML-Formular notwendig. Da dieses ganz ohne PHP-Scripts auskommt, soll hier nur der Code für die entsprechende Seite ohne weitere Ausführungen angegeben werden:

```
<h1>Bestellung aufgeben</h1>

<form method="post" action="anwendungsbeispiel2.php">
Bohrmaschine EUR 34,99, Anzahl: <input type="text" size="1" value="0"
```

243

```
name="bohrmaschine"><br>

Winkelschleifer EUR 22,99, Anzahl: <input type="text" size="1"
value="0" name="winkelschleifer"><br>

Bandschleifer EUR 41,99, Anzahl: <input type="text" size="1"
value="0" name="bandschleifer"><br><br>

Ihre E-Mail-Adresse: <input type="text" size="15" name="adresse"><br>

Ihr Name: <input type="text" size="15" name="name"><br><br>
<input type="submit" value="Bestellung aufgeben">
</form>
```

Screenshot 70 Die Seite für die Aufgabe der Bestellung

Der notwendige PHP-Code folgt dann erst in der zweiten Datei. Da die vorherige Seite die Datei anwendungsbeispiel2.php aufruft, sollte diese unter der entsprechenden Bezeichnung abgespeichert werden. Zunächst ist es notwendig, die erforderlichen Bibliotheken einzubinden – sowohl für TCPDF als auch für den PHPMailer. Danach kann man sich bereits an die Ausgestaltung der Rechnung machen. Deren Inhalt soll in der Variablen `html` gespeichert werden. Sie beginnt mit einer Überschrift und der Angabe einer fiktiven Rechnungsnummer. Bei einer realen Rechnung wäre es hierbei selbstverständlich erforderlich, für jedes Dokument eine individuelle Rechnungsnummer zu erstellen. Danach soll die Variable `preis` erzeugt werden. Diese enthält den Gesamtpreis und erhält zunächst den Wert 0.

```
$html = "<h1>Rechnung</h1>";
$html .= "<p>Rechnungs-Nr.: 12345</p><br><br><br>";
$preis = 0;
```

Danach sollen die einzelnen Rechnungsposten aufgelistet werden – allerdings nur, wenn der Kunde den entsprechenden Artikel auch bestellt hat. Daher steht die Auflistung für jedes Produkt in einer `if`-Abfrage, die überprüft, ob der eingegebene Wert ungleich 0 ist. Für die Bohrmaschine müsste die Bedingung beispielsweise so aussehen:

```
if ($_REQUEST['bohrmaschine'] != 0)
```

Innerhalb der `if`-Abfrage fügt das Programm zunächst die Anzahl (die über die Auswertung des Formularfeldes ermittelt wird) und die Produktbezeichnung zur Variablen `html` (und damit zur Rechnung) hinzu:

```
$html .= $_REQUEST['bohrmaschine']." Bohrmaschine(n): ";
```

Danach folgt der Preis für diesen Posten. Dieser ergibt sich aus der eingegebenen Anzahl und dem im vorherigen Formular angegebenen Stückpreis:

```
$html .= ($_REQUEST['bohrmaschine']*34.99)." EUR<br><br>";
```

Danach muss dieser Wert auch zum Gesamtpreis hinzugezählt werden:

17

```
$preis += $_REQUEST['bohrmaschine']*34.99;
```

Die komplette Abfrage für die Bohrmaschine sieht dann so aus:

```
if ($_REQUEST['bohrmaschine'] != 0)
{
    $html .= $_REQUEST['bohrmaschine']." Bohrmaschine(n): ";
    $html .= ($_REQUEST['bohrmaschine']*34.99)." EUR<br><br>";

    $preis += $_REQUEST['bohrmaschine']*34.99;
}
```

Die if-Abfragen für die übrigen Produkte sind genau gleich aufgebaut. Dabei ist es lediglich notwendig, die Werte und die Bezeichnungen anzupassen. Nachdem alle einzelnen Posten aufgelistet sind, muss noch der Gesamtbetrag in die Rechnung eingefügt werden:

```
$html .= "<br><br><br>Rechnungsbetrag: ".$preis." EUR";
```

Die Erstellung und der Versand der Rechnung sollen nur dann erfolgen, wenn der Kunde auch ein Produkt bestellt hat. Daher stehen die folgenden Befehle in einer if-Abfrage. Als Bedingung dient hierbei der bereits ermittelte Gesamtpreis. Liegt dieser noch bei 0, erfolgte keine Bestellung:

```
if ($preis > 0)
```

Innerhalb der if-Abfrage soll zunächst ein Dateinamen festgelegt werden:

```
$datei = "Rechnung.pdf";
```

Wenn das Programm in der Praxis zum Einsatz kommt, wäre es selbstverständlich sinnvoll, bei jeder Ausgabe einen individuellen Dateinamen zu vergeben – beispielsweise unter Hinzunahme der Rechnungsnummer. Danach soll nach der bekannten Vorgehensweise ein PDF-Dokument mit dem bereits vollständig erstellten Inhalt erzeugt werden:

```
$pdf = new TCPDF();
$pdf->AddPage();
$pdf->writeHTML($html);
$pdf->Output(dirname(__FILE__).'/'.$datei, 'F');
```

Rechnung

Rechnungs-Nr.: 12345

2 Bohrmaschine(n): 69.98 EUR

1 Bandschleifer: 41.99 EUR

Rechnungsbetrag: 111.97 EUR

Screenshot 71 Die automatisch generierte Rechnung

Danach folgt die Gestaltung der E-Mail. Diese soll zunächst eine persönliche Anrede enthalten und den Kunden dann darauf hinweisen, dass sich die Rechnung im Anhang befindet. Da dieser Ausdruck etwas länger ist, soll er zunächst in der Variablen inhalt gespeichert werden, bevor man ihn zum PHPMailer-Objekt hinzufügt:

```
$inhalt = "Sehr geehrte(r) Herr/Frau ".$_REQUEST['name'];
$inhalt .= ",\r\nIhre Rechnung befindet sich im Anhang.";
```

Danach wird die Mail über das PHPMailer-Objekt versendet. Die Vorgehensweise ist dabei fast gleich wie im Kapitel 2.2. Es ist lediglich darauf zu achten, dass der Empfänger anhand der zuvor getätigten Eingaben des Nutzers ermittelt werden soll. Die Eingabe des Inhalts erfolgt nicht direkt, sondern über die Variable inhalt:

```php
$mail = new PHPMailer();
$mail->setFrom('lehrbuch.test@gmail.com', 'Werkzeug-Onlineshop');
$mail->addAddress($_REQUEST['adresse'], $_REQUEST['name']);
$mail->Subject = 'Ihre Rechnung';
$mail->Body = $inhalt;
$mail->addAttachment($datei);
$mail->send();
```

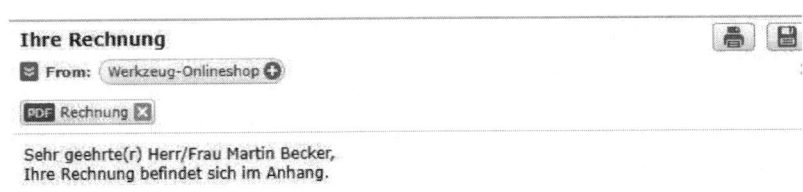

Screenshot 72 Die versendete E-Mail

Damit sind die Erzeugung des PDF-Dokuments und das Verschicken der E-Mail bereits abgeschlossen. Allerdings bleibt die Seite, die sich dabei öffnet, bislang noch leer. Daher soll hier eine kurze Nachricht angezeigt werden:

```php
print "Vielen Dank für Ihre Bestellung!<br>";
print "Ihre Rechnung wird Ihnen per E-Mail zugesandt.";
```

Nun muss man die geschweifte Klammer der if-Abfrage schließen. Danach folgt noch ein kurzer else-Block, der ausgeführt wird, wenn der Kunde keinen Artikel bestellt hat. Dieser gibt lediglich eine entsprechende Meldung aus:

```php
else
{
    print "Sie haben kein Produkt bestellt.";
}
```

Damit ist das Programm bereits vollständig abgeschlossen. Der komplette Code dafür sieht so aus:

```php
<?php
require_once('TCPDF-master/tcpdf.php');

use PHPMailer\PHPMailer\PHPMailer;
use PHPMailer\PHPMailer\Exception;
require 'C:\xampp\composer\vendor\autoload.php';

$html = "<h1>Rechnung</h1>";
$html .= "<p>Rechnungs-Nr.: 12345</p><br><br><br>";
$preis = 0;

if ($_REQUEST['bohrmaschine'] != 0)
{
    $html .= $_REQUEST['bohrmaschine']." Bohrmaschine(n): ";
    $html .= ($_REQUEST['bohrmaschine']*34.99)." EUR<br><br>";
    $preis += $_REQUEST['bohrmaschine']*34.99;
}
if ($_REQUEST['winkelschleifer'] != 0)
{
    $html .= $_REQUEST['winkelschleifer']." Winkelschleifer: ";
    $html .= ($_REQUEST['winkelschleifer']*22.99)."
    EUR<br><br>";
    $preis += $_REQUEST['winkelschleifer']*22.99;
}

if ($_REQUEST['bandschleifer'] != 0)
{
    $html .= $_REQUEST['bandschleifer']." Bandschleifer: ";
    $html .= ($_REQUEST['bandschleifer']*41.99)." EUR<br><br>";
    $preis += $_REQUEST['bandschleifer']*41.99;
}

$html .= "<br><br><br>Rechnungsbetrag: ".$preis." EUR";

if ($preis > 0)
{
    $datei = "Rechnung.pdf";
    $pdf = new TCPDF();
    $pdf->AddPage();
    $pdf->writeHTML($html);
    $pdf->Output(dirname(__FILE__).'/'.$datei, 'F');
    $inhalt = "Sehr geehrte(r) Herr/Frau ".$_REQUEST['name'];
    $inhalt .= ",\r\nIhre Rechnung befindet sich im Anhang.";
```

17

```
$mail = new PHPMailer();
$mail->setFrom('lehrbuch.test@gmail.com', 'Werkzeug-Onlineshop');
$mail->addAddress($_REQUEST['adresse'], $_REQUEST['name']);
$mail->Subject = 'Ihre Rechnung';
$mail->Body = $inhalt;
$mail->addAttachment($datei);
$mail->send();
print "Vielen Dank für Ihre Bestellung!<br>";
print "Ihre Rechnung wird Ihnen per E-Mail zugesandt.";
}
else
{
    print "Sie haben kein Produkt bestellt.";
}
?>
```

Vielen Dank für Ihre Bestellung!
Ihre Rechnung wird Ihnen per E-Mail zugesandt.

Screenshot 73 Die Bestätigung nach der Bestellung

17.5   Übungsaufgabe: Mails verschicken und PDFs gestalten

1. Erstellen Sie ein HTML-Formular, das es dem Besucher ermöglicht, eine E-Mail-Adresse und einen Text einzugeben. Nachdem er den zugehörigen Button gedrückt hat, soll er auf eine neue Seite weitergeleitet werden. Diese soll den eingegebenen Inhalt mit der mail-Funktion an die entsprechende Adresse senden.

2. Verwenden Sie das gleiche HTML-Formular aus der vorherigen Übungsaufgabe. Entfernen Sie daraus jedoch das Feld für die Eingabe der E-Mail-Adresse und leiten Sie den Besucher zu einer anderen

Seite weiter. Diese soll den Inhalt in einem PDF-Dokument direkt über den Browser ausgeben.

3. Verwenden Sie nun wieder das ursprüngliche HTML-Formular mit der Eingabe der E-Mail-Adresse. Ändern Sie lediglich die Weiterleitung und gestalten Sie eine neue Seite. Diese soll aus dem Inhalt ein PDF-Dokument erstellen und auf dem Server abspeichern. Anschließend versendet es dieses als Anhang an die angegebene Adresse.

17

Lösungen:

1.

HTML-Formular:

```
<h1>Bitte geben Sie den Inhalt ein</h1>
<form method="post" action="aufgabe1.php">
Inhalt:<br>
<textarea name="inhalt" rows="10" cols="30">Ihre Nachricht</textarea>
<br>E-Mail: <input type="text" size="15" name="mail"><br><br>
<input type="submit" value="absenden">
</form>
```

PHP-Script:

```php
<?php

$empfaenger = $_REQUEST['mail'];
$betreff = "Automatische E-Mail";
$from = "From: PHP-Lehrbuch";
$text = $_REQUEST['inhalt'];

mail($empfaenger, $betreff, $text, $from);

?>
```

Screenshot 74 Das Eingabeformular

Screenshot 75 Die versendete Mail

2.

```php
<?php

require_once('TCPDF-master/tcpdf.php');
$pdf = new TCPDF();

$pdf->AddPage();

$pdf->writeHTML($_REQUEST['inhalt']);

$pdf->Output('Aufgabe2.pdf', 'I');

?>
```

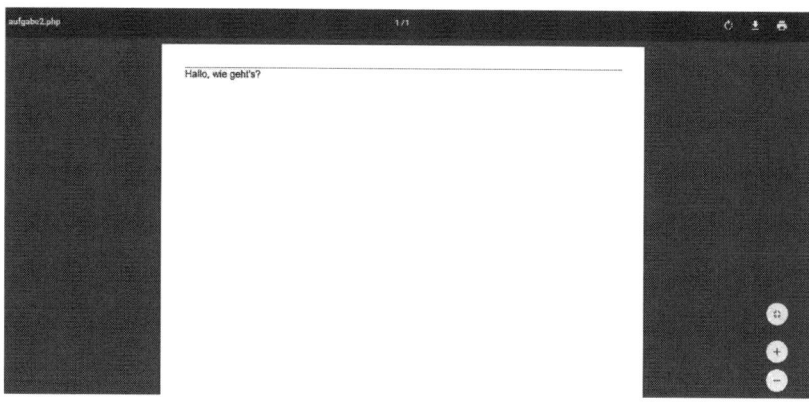

Screenshot 76 Das erzeugte PDF-Dokument

3.

```php
<?php

require_once('TCPDF-master/tcpdf.php');
use PHPMailer\PHPMailer\PHPMailer;
use PHPMailer\PHPMailer\Exception;
require 'C:\xampp\composer\vendor\autoload.php';

$pdfName = "Aufgabe3.pdf";
$pdf = new TCPDF();
$pdf->AddPage();
$pdf->writeHTML($_REQUEST['inhalt']);
$pdf->Output(dirname(__FILE__).'/'.$pdfName, 'F');

$mail = new PHPMailer();
$mail->setFrom('lehrbuch.test@gmail.com');
$mail->addAddress($_REQUEST['mail']);
$mail->Subject = 'Mail mit Anhang';
$mail->Body = 'Diese Mail versendet den eingegebenen Inhalt als
PDF.';
$mail->addAttachment('Aufgabe3.pdf');
$mail->send();

?>
```

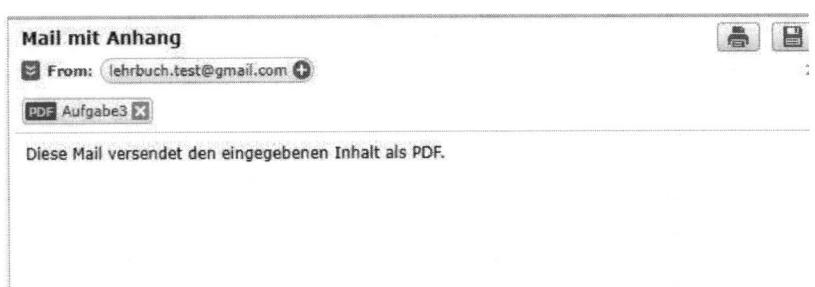

Screenshot 77 Die verschickte Mail

Alle Programmcodes aus diesem Buch sind als PDF zum Download verfügbar. Dadurch müssen Sie sie nicht abtippen: https://bmu-verlag.de/books/php-mysql/

Außerdem erhalten Sie die eBook Ausgabe zum Buch im PDF Format kostenlos auf unserer Website:

https://bmu-verlag.de/books/php-mysql/
Downloadcode: siehe Kapitel 18

Kapitel 18

Für mehr Sicherheit: SQL-Injection vermeiden

In unseren bisherigen Programmen kam es bereits einige Male vor, dass der Besucher der Webseite eine Eingabe machen konnte, deren Wert dann für einen Eintrag in die Datenbank verwendet wurde. Das stellt jedoch ein erhebliches Sicherheitsrisiko dar. Angreifer, die dem Betreiber der Webseite schaden möchten, können auf diese Weise mit einfachen Mitteln die Inhalte der Datenbank manipulieren. Eine beliebte Methode für derartige Angriffe ist SQL-Injection. Das folgende Kapitel stellt vor, was das bedeutet und wie es möglich ist, diese Angriffe abzuwehren.

18.1 Was ist SQL-Injection?

SQL-Injection bedeutet, dass der Angreifer über ein Formularfeld zusätzliche SQL-Befehle eingibt. Diese Vorgehensweise ist am besten an einem kleinen Beispiel zu verstehen. Dazu soll zunächst die phpMyAdmin-Benutzeroberfläche aufgerufen werden. Auf diese Weise soll der Inhalt der Datenbank onlineshopDB, die in Kapitel 15 zum Einsatz kam, betrachtet werden. Von Interesse ist dabei die Tabelle os_kunden, die die Daten der Kunden enthält. Wenn man das Programm aus Kapitel 15 ausprobiert hat, sollten darin mehrere Einträge enthalten sein. Ist das nicht der Fall, sollten diese manuell eingefügt werden, um die Durchführung des Beispiels zu ermöglichen.

Nun soll die Datei formular.php, die zur Eingabe der Daten eines neuen Kunden diente, im Browser aufgerufen werden. Für dieses Beispiel sollen die einzelnen Felder wie gewohnt mit beliebigen Daten gefüllt werden. Nur im Feld für die E-Mail-Adresse soll ein besonderer Wert stehen:

```
abc@xyz.com', 123, 'abc', 123); DELETE FRM  os_kunden;
```

Anmeldeseite für unseren Online × +

← → C ⓘ localhost/praxisbeispiel/formular.php

Herzlich Willkommen in unserem Onlineshop

Registrieren Sie sich als neuer Kunde!

Name:	Baier
Vorname:	Marco
Straße:	Hauptstraße
Postleitzahl:	12345
Ort:	Musterstadt
E-Mail:	abc@xyz.com
Telefonnummer:	54321
Passwort:	••••••

Anmelden

Screenshot 78 Die Anmeldeseite mit den Daten für den Angriff

Wenn man diese Werte eingegeben hat und daraufhin die Einträge in der Tabelle os_kunden aktualisiert, stellt man fest, dass alle Inhalte gelöscht wurden. Ein Verlust aller Kundendaten hätte in der Praxis für jedes Unternehmen fatale Folgen.

Doch was ist bei der SQL-Injection passiert? Dazu ist es notwendig, sich den Befehl anzuschauen, der die neuen Kundendaten an die Datenbank übermittelt. Dieser verwendet die Eingaben aus dem entsprechenden Formular. Zunächst soll davon ausgegangen werden, dass der Anwender eine normale E-Mail-Adresse eingibt. Wenn man die Daten anstatt der Variablen einfügt, sieht der Befehl, der an die Datenbank übermittelt wird, so aus:

18

```
INSERT INTO os_kunden (k_name, k_vorname, k_strasse, k_plz,
k_ort, k_mail, k_tel, k_passwort, k_kundennummer) VALUES
('Baier', 'Marco', 'Hauptstraße', 12345, 'M sterstadt',
'abc@xyz.com', 54321, 'abc123', 8);
```

Dieser gibt die Werte wie gewünscht in die Datenbank ein. Wenn man nun jedoch die E-Mail-Adresse durch den Befehl für die SQL-Injection ersetzt, wird folgender Befehl an die Datenbank übermittelt:

```
INSERT INTO os_kunden (k_name, k_vorname, k_strasse, k_plz, k_ort, k_
mail, k_tel, k_passwort, k_kundennummer) Ⅹ LUES ('Baier', 'Vorname',
'Hauptstraße', 12345, 'Musterstadt', 'abc@xyz.com', 123, 'abc', 123);
DELETE FROM os_kunden;', ⅷ 321, 'abc123', 8);
```

An der Stelle, an der lediglich eine E-Mail-Adresse erwartet wurde, fügt diese Eingabe nun neben dieser Adresse noch weitere Werte hinzu: `'' 123, 'abc', 123);` Dabei handelt es um das Anführungszeichen und das Komma für den Abschluss der Eingabe der E-Mail-Adresse sowie um die drei noch offenen Felder – einschließlich der schließenden Klammer und des Semikolons. Das führt dazu, dass der entsprechende `INSERT`-Befehl bereits ordnungsgemäß abgeschlossen ist und ausgeführt wird. Die Datenbank wartet danach auf weitere Befehle.

Die SQL-Injection macht sich dies zunutze, indem sie anschließend einen weiteren Befehl nachschiebt: `DELETE FROM os_kunden;` Dieser sorgt für die Löschung aller Inhalte der Tabelle. Auf diese Weise kann man beliebige SQL-Befehle hinzufügen, die viel Schaden verusachen können. Der Teil, der nach dem `DELETE`-Befehl steht, gehört eigentlich noch zur ursprünglichen Eingabe. Diese wurde allerdings beendet, sodass dieser Code überbleibt. Da es sich hierbei jedoch um keinen vollständigen Befehl handelt, wird dieser ignoriert.

Nun könnte man anführen, dass man für diese Technik wissen muss, welche Struktur der `INSERT`-Befehl verwendet. Außerdem muss man die genaue Bezeichnung der Tabellen kennen. Allerdings ist es häufig möglich, die Werte durch ausprobieren herauszufinden. Die Bezeichnung kunden für eine Tabelle mit den Kundendaten ist sicherlich kein Einzelfall, sodass sie leicht zu erraten ist. In diesem Beispiel lautet ihr Name zwar nicht kunden, sondern os_kunden, doch lässt sich eine derartige Bezeichnung häufig dennoch erraten – insbesondere wenn man als Hacker dafür ein Script schreibt, dass innerhalb weniger Minuten viele Millionen Optionen automatisch ausprobieren kann. Es kommt hinzu, dass viele Webseiten Content-Management-Systeme verwenden, deren Code öffentlich zugänglich ist. Das hat zur Folge, dass jeder Hacker sich über die Programmstruktur und über die verwendeten Tabellen informieren kann. Das macht einen Angriff besonders einfach. Aus diesem Grund ist es sinnvoll, alle Eingaben des Anwenders gegen SQL-Injection abzusichern.

18.2   Prepared Statements: So wird die Eingabe weiterer Befehle verhindert

Um derartige Angriffe zu vermeiden, ist es notwendig, das Programm zu schützen. Dafür gibt es mehrere Möglichkeiten. Besonders sicher und einfach anzuwenden sind sogenannte prepared statements. Diese verhindern die SQL-Injection sehr zuverlässig.

Um die Funktionsweise aufzuzeigen, soll nun zunächst eine neue Tabelle mit der Bezeichnung `prepared_statement` manuell erzeugt werden. Um keine neue Datenbank erstellen zu müssen, kann sie zur bereits bestehenden Datenbank `kundeDB` hinzugefügt werden. Sie soll jeweils eine Spalte für den Namen (`name, VARCHAR (500)`) und für die Größe (`groesse, INT`) erhalten.

Danach soll ein HTML-Formular erstellt werden, das diese beiden Werte vom Anwender abfragt:

```
<h1>Ihre Daten</h1>
<form method="post" action="prepared_statement.php">
Name: <input type="text" name="name"><br>
Größe: <input type="text" name="groesse"><br><br>
<input type="submit" value="absenden">
</form>
```

Dieses leitet den Besucher zur Seite prepared_statement.php weiter. Deren Aufgabe besteht zunächst lediglich darin, den Namen in die

18

Datenbank einzutragen. Dafür kommt im ersten Schritt die bereits bekannte Methode zum Einsatz:

```php
<?php

$dbh = new PDO ("mysql:dbname=kundeDB; host=localhost", "user1",
"abc");
$sql = "INSERT INTO prepared_statement (name) VALUES ('".
    $_REQUEST['name']."');";

$dbh->query($sql);
$dbh = null;
?>
```

Nun ist es sinnvoll, das Formularfeld mehrere Male auszufüllen und abzuschicken, damit einige Einträge in der Datenbank enthalten sind. Danach soll in das Feld für den Namen folgender Ausdruck eingegeben werden:

```
karl'); DELETE FROM prepared_statement;
```

Dieser führt dazu, dass alle bisherigen Einträge gelöscht werden. Das Programm ist demnach anfällig gegenüber SQL-Injection.

Um das zu verhindern, werden nun sogenannte prepared statements eingesetzt. Das bedeutet, dass der Datenbankbefehl bereits an die Datenbank gesendet wird, noch bevor darin die Eingabe des Anwenders eingefügt wird. Anstatt dessen kommt ein Platzhalter zum Einsatz. Erst danach wird dieser mit einem Wert gefüllt. Dieser wird jedoch stets vollständig in die Datenbank eingefügt – selbst wenn er eigentlich den aktuellen SQL-Befehl beenden und ein neues Kommando hinzufügen würde. Das liegt daran, dass der eigentliche SQL-Befehl bereits vorliegt. Er wird bei der Ausführung dann nur noch mit einem passenden Inhalt gefüllt. Es ist jedoch nicht möglich, weitere Befehle auszuführen.

Um prepared statements zu verwenden, muss man zunächst den SQL-Befehl abändern. Anstatt hier direkt den Wert der Nutzereingabe einzufügen, muss man den Platzhalter nennen. Dieser steht nach einem Doppelpunkt und kann eine frei wählbare Bezeichnung erhalten. In diesem Beispiel soll er name heißen:

```
$sql = "INSERT INTO prepared_statement (name) VALUES (:name);";
```

Danach muss man diesen Befehl mithilfe der prepare-Methode an den Datenbank-Handler übermitteln:

```
$eingabe = $dbh->prepare($sql);
```

Diese Methode gibt ein Objekt zurück, das in einer neuen Variablen gespeichert werden muss – in diesem Fall unter der Bezeichnung eingabe.

Auf dieses kann man dann die bindParam-Methode anwenden, um die Nutzereingabe einzufügen:

```
$eingabe->bindParam(':name', $_REQUEST['name'], PDO::PARAM_STR, 100);
```

In der Klammer muss zunächst der Name des gewählten Platzhalters stehen. Danach folgt der Wert, den dieser erhalten soll. In diesem Beispiel ist das die Variable mit dem Inhalt aus dem Formularfeld. Danach muss der Variablentyp stehen – in diesem Fall PDO::PARAM_STR für eine Zeichenkette. Bei Zeichenketten ist es außerdem notwendig, die maximale Länge anzugeben. Dafür steht die Zahl 100 im letzten Teil der Parameterübergabe.

18

Um den SQL-Befehl auszuführen, ist es abschließend notwendig, die execute-Methode aufzurufen:

```
$eingabe->execute();
```

Damit ist das Programm abgeschlossen:

```php
<?php

$dbh = new PDO ("mysql:dbname=kundeDB; host=localhost", "user1",
"abc");

$sql = "INSERT INTO prepared_statement (name) VALUES (:name);";
$eingabe = $dbh->prepare($sql);
$eingabe->bindParam(':name', $_REQUEST['name'], PDO::PARAM_STR, 100);
$eingabe->execute();

$dbh = null;
?>
```

Wenn man nun nochmals den Code für die SQL-Injection in das Feld
für den Namen eingibt, stellt man fest, dass dieser jetzt nicht mehr den
Inhalt der Tabelle löscht. Anstatt dessen wird genau dieser Ausdruck in
der Datenbank als Name festgehalten:

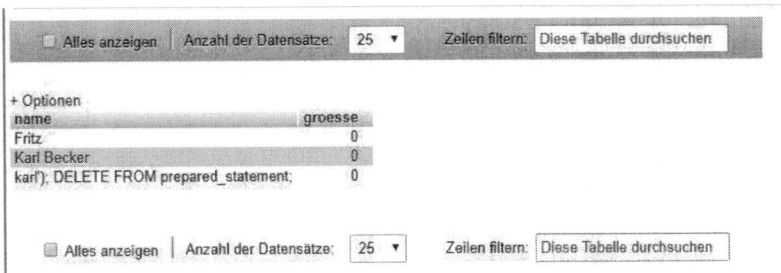

Screenshot 79 Die SQL-Injection wird nun als Inhalt der Zelle
gespeichert und löscht keine Daten mehr.

Das bisherige Programm speichert lediglich den Namen in der Datenbank, jedoch nicht die Größe. Das soll nun nachgeholt werden. Dazu
muss man zunächst den verwendeten SQL-Befehl abändern. Dieser
soll nun zwei Werte übermitteln, die von den Eingaben des Anwenders
abhängen. Es ist problemlos möglich, in den Befehl zwei (oder mehr)
Platzhalter einzufügen. Diese müssen lediglich unterschiedliche Bezeichnungen tragen:

```
$sql = "INSERT INTO prepared_statement (name, groesse) VALUES (:name,
:groesse);";
```

Die nächsten Schritte des Programms bleiben die gleichen. Allerdings ist es notwendig, einen zusätzlichen `bindParam`-Befehl für den zweiten Platzhalter einzufügen:

```
$eingabe->bindParam(':groesse', $_REQUEST['groesse'], PDO::PARAM_
INT);
```

Da es sich hierbei nicht um eine Zeichenkette, sondern um eine Zahl handelt, muss der Variablentyp zu einem `INT`-Wert abgewandelt werden. Hierbei ist die Länge unerheblich, sodass der letzte der vier Parameter in diesem Fall wegfällt. Das vollständige Programm, das beide Werte an die Datenbank übermittelt, sieht dann so aus:

```
<?php

$dbh = new PDO ("mysql:dbname=kundeDB; host=localhost", "user1",
"abc");

$sql = "INSERT INTO prepared_statement (name, groesse) VALUES (:name,
:groesse);";
$eingabe = $dbh->prepare($sql);
$eingabe->bindParam(':name', $_REQUEST['name'], PDO::PARAM_STR, 100);
$eingabe->bindParam(':groesse', $_REQUEST['groesse'], PDO::PARAM_
INT);
$eingabe->execute();

$dbh = null;
?>
```

18.3 Anwendungsbeispiel: Das Eingabeformular für die Kundendaten vor SQL-Injection schützen

Auch zum Ende dieses Kapitels soll ein kleines Anwendungsbeispiel stehen. Dieses wird jedoch nicht von Grund auf neu entwickelt. Anstatt dessen handelt es sich um eine Nachbearbeitung des Pro-

18

gramms aus Kapitel 15. Dieses soll nun gegen SQL-Injection abgesichert werden.

Die Datei, die die Eingaben des Anwenders an die Datenbank übermittelt, ist ausgabe.php. Da an anderer Stelle keine Werte aus dem Formular für Datenbankbefehle verwendet werden, muss lediglich dieser Programmteil überarbeitet werden.

Doch auch hier bleiben die meisten Bestandteile – beispielsweise die Erzeugung der Seiteninhalte und die Übergabe der Werte an das Objekt neuerKunde – unverändert. Erst der Bereich mit dem SQL-Befehl innerhalb des try-Blocks muss verändert werden.

Anstatt die Werte aus dem Objekt abzurufen und direkt in den SQL-Befehl einzufügen, kommt nun für jeden einzelnen Wert zunächst ein Platzhalter zum Einsatz. Diesem muss jeweils ein Doppelpunkt vorangestellt werden:

```
$sql = "INSERT INTO os_kunden ".
"(k_name, k_vorname, k_strasse, k_plz, k_ort, k_mail, k_tel, ".
"k_passwort, k_kundennummer) VALUES (:name, :vorname, :strasse".
", :plz, :ort, :mail, :tel, :passwort, :kundennummer);";
```

Nun ist es notwendig, den bisherigen query-Befehl zu entfernen. Anstatt dessen kommt der prepare-Befehl zum Einsatz:

```
$eingabe = $dbh->prepare($sql);
```

Danach muss für jeden der neun Platzhalter ein bindParam-Befehl erstellt werden. Das bisherige Programm fügte im Gegensatz zum Beispiel aus dem vorherigen Abschnitt jedoch die Werte aus dem Formularfeld nicht direkt ein. Es hatte diese bereits im Objekt neuerKunde abgelegt und verwendete für die Eingabe der Werte die entsprechenden get-Methoden. Wenn man diese Methoden direkt in die bindParam-Methode einfügt, erscheint allerdings eine Warnmeldung.

Um den Grund für diese Warnmeldung zu verstehen, ist es notwendig, etwas tiefer in die Arbeitsweise von Funktionen in PHP einzutauchen. Wenn man hierbei einen Übergabewert verwendet, dann gibt das Hauptprogramm in der Regel nicht den Wert der entsprechenden Variable weiter, sondern deren Speicherplatz. Mit dieser Information kann die Funktion den Wert dann selbst abrufen. Der Rückgabewert der get-Methoden ist jedoch nicht in einer Variablen gespeichert. Deshalb hat er auch keinen konkreten Speicherort, der als Referenz weitergegeben wird. Das Ergebnis wird hierbei als konkreter Wert ausgegeben. Das Programm wird in diesem Fall dennoch korrekt ausgeführt. Allerdings erscheint eine Warnmeldung, dass diese Vorgehensweise eigentlich nicht erwünscht ist. Daher ist es notwendig, ihre Werte zuvor abzurufen und in einer passenden Variablen zu speichern:

```
$name = $neuerKunde->getName();
$vorname = $neuerKunde->getVorname();
$strasse = $neuerKunde->getStrasse();
$plz = $neuerKunde->getPlz();
$ort = $neuerKunde->getOrt();
$mail = $neuerKunde->getMail();
$tel = $neuerKunde->getTel();
$passwort = $neuerKunde->getPasswort();
$kundennummer = $neuerKunde->getKundennummer();
```

Nun kann man diese Variablen in die bindParam-Methode einfügen. Darüber hinaus muss man bei jeder Eingabe den Variablentyp anpassen. Dieser sollte dem Typ der entsprechenden Datenbankzelle entsprechen:

```
$eingabe->bindParam(':name', $name, PDO::PARAM_STR, 50);
$eingabe->bindParam(':vorname', $vorname, PDO::PARAM_STR, 50);
$eingabe->bindParam(':strasse', $strasse, PDO::PARAM_STR, 100);
$eingabe->bindParam(':plz', $plz, PDO::PARAM_INT);
$eingabe->bindParam(':ort', $ort, PDO::PARAM_STR, 50);
$eingabe->bindParam(':mail', $mail, PDO::PARAM_STR, 50);
$eingabe->bindParam(':tel', $tel, PDO::PARAM_INT);
$eingabe->bindParam(':passwort', $passwort, PDO::PARAM_STR, 20);
$eingabe->bindParam(':kundennummer', $kundennummer, PDO::PARAM_INT);
```

18

Nach der Eingabe der Werte muss der Datenbankbefehl noch mit dem execute-Befehl ausgeführt werden:

```
$eingabe->execute();
```

Mit diesen Änderungen ist die Absicherung des Programms bereits abgeschlossen. Wenn man nun nochmals die SQL-Injection einfügt, die zu Beginn dieses Kapitels verwendet wurde, führt diese nicht mehr zu einer Löschung der Daten. Um den Code abzugleichen, wird hier nochmals die komplette Datei mit allen Änderungen angegeben:

```
<?php
$sql ="SELECT i_title, i_description, i_headline, i_content FROM os_
inhalt WHERE i_id = 2;";

try
{
      $dbh = new PDO ("mysql:dbname=onlineshopDB;
      host=localhost", "user1", "abc");
      $rueckgabe = $dbh->query($ql);
      $ergebnis = $rueckgabe->fetchAll(PDO::FETB _ASSOC);
      $meta_title = $ergebnis[0[ 'i_title'];
      $meta_description = $ergebnis[0]['i_description'];
      $hauptueberschrift = $ergebnis[0]['i_headline'];
      $seiteninhalt = $ergebnis0 ]['i_content'];

      $dbh = null;
}

catch(PDOException $e)
{
      print $e->getMessage();
}

?>

<html>
<head>
<title><?php print $meta_title;?></title>
<meta name="description" content=<?php print $meta_description;?>>
</head>
```

```php
<body>
<h1><?php print $hauptueberschrift;?></h1>

<?php

include ("class_kunde.php") ;

$neuerKunde = new Kunde();

if (!empty($_REQUEST['name']))
{
    if ($_REQUEST['name'] != "")
    {
        $neuerKunde->setName($_REQUEST['name']);
    }
}

if (!empty($_REQUEST['vorname']))
{
    if ($_REQUEST['vorname'] != "")
    {
        $neuerKunde->setVorname($R EQUEST['vorname']);
    }
}

if (!empty($_REQUEST['strasse']))
{
    if ($_REQUEST['strasse'] != "")
    {
        $neuerKunde->setStrasse($_REQUEST['strasse']);
    }
}

if (!empty($_REQUEST['plz'] ))
{
    if ($_REQUEST['plz'] != "")
    {
        $neuerKunde->setPlz($_REQUEST['plz']);
    }
}

if (!empty($_REQUEST['ort'] ))
{
    if ($_REQUEST['ort'] != "")
```

18

```php
        {
            $neuerKunde->setOrt($_REQUEST['ort']);
        }
    }

    if (!empty($_REQUEST['mail']))
    {
        if ($_REQUEST['mail'] != "")
        {
            $neuerKunde->setMail($_REQUEST['mail']);
        }
    }

    if (!empty($_REQUEST['tel'] ))
    {
        if ($_REQUEST['tel'] != "")
        {
            $neuerKunde->setTel($_REQUEST['tel']);
        }
    }

    if (!empty($_REQUEST['passwort']))
    {
        if ($_REQUEST['passwort'] != "")
        {
            $neuerKunde->setPasswort($_REQUEST['passwort']);
        }
    }

    try
    {
        $dbh = new PDO ("mysql:dbname=onlineshopDB;
        host=localhost", "user1", "abc");
        $neuerKunde->setKundennummer($dbh);

        $sql = "INSERT INTO os_kunden ".
        "(k_name, k_vorname, k_strasse, k_plz, k_ort, k_mail, k_tel, " .
        "k_passwort, k_kundennummer) VALUES (:name, :vorname, :strasse" .
        ", :plz, :ort, :mail, :tel, :passwort, :kundennummer);";


        $eingabe = $dbh->prepare($sql);

        $name = $neuerKunde->getName();
        $vorname = $neuerKunde->getVorname();
        $strasse = $neuerKunde->getStrasse();
        $plz = $neuerKunde->getPlz();
        $ort = $neuerKunde->getOrt();
```

```php
$mail = $neuerKunde->getMail();
$tel = $neuerKunde->getTel();
$passwort = $neuerKunde->getPasswort();
$kundennummer = $neuerKunde->getKundennummer();

$eingabe->bindParam(':name', $name, PDO::PARAM_STR, 50);
$eingabe->bindParam(':vorname', $vorname, PDO::PARAM_STR, 50);
$eingabe->bindParam(':strasse', $strasse, PDO::PARAM_STR, 100);
$eingabe->bindParam(':plz', $plz, PDO::PARAM_INT);
$eingabe->bindParam(':ort', $ort, PDO::PARAM_STR, 50);
$eingabe->bindParam(':mail', $mail, PDO::PARAM_STR, 50);
$eingabe->bindParam(':tel', $tel, PDO::PARAM_INT);
$eingabe->bindParam(':passwort', $passwort, PDO::PARAM_STR, 20);
$eingabe->bindParam(':kundennummer', $kundennummer,
PDO::PARAM_INT);

$eingabe->execute();


$sql = "SELECT * FROM os_kunden WHERE k_kundennummer="
.$neuerKunde->getKundennummer().";";

$rueckgabe = $dbh->query($sql);
$ergebnis = $rueckgabe->fetchAll(PDO::FETCH_ASSOC);
foreach ($ergebnis as $inhalt)
{
    print "<p>Für den neuen Kunden mit der Kundennummer
    " . $inhalt['k_kundennummer'] . " wurden folgende Werte
    erfasst:<br>";
    print "Name: ".$inhalt['k_name']."<br>\n";
    print "Vorname: ".$inhalt['k_vorname']."<br>\n";
    print "Stra&szlig;e: " .
    $inhalt[ k_strasse']."<br>\n";
    print "PLZ: ".$inhalt['k_plz']."<br>\n";
    print "Ort: ".$inhalt['k_ort']."<br>\n";
    print "E-Mail: ".$inhalt['k_mail']."<br>\n";
    print "Telefonnummer: ".$inhalt['k_tel']."<br>\n";
    print "Passwort: ".$inhalt['k_passwort']."</p>\n";
}
$error = $dbh->errorInfo();

$dbh = null;
}
```

18

```
catch(PDOException $e)
{
    print $e->getMessage();
}

print "<form method = \"post\" action = \"bestaetigung.php\">\n".
    "<input type = \"submit\" value = \"Bestätigen\">\n".
    "</form>\n".
    "<form method = \"post\" action = \"formular.php\">\n".
    "<input type=\"hidden\" name=\"Referenz\" value=\" ".
    $neuerKunde->getKundennummer().
    "\">\n<input type = \"submit\" value = \"Korrigieren\">".
    "</form>";
?>

</body>
</html>
```

18.4   Übungsaufgabe: Ein sicheres Formular erstellen

Ändern Sie das Programm aus dem Anwendungsbeispiel im Kapitel zu den Cookies so ab, dass dieses keine SQL-Injection mehr erlaubt.

Lösung:

```php
<?php

if (empty($_COOKIE['Kundennummer']))
{
    if (!empty($_REQUEST['kundennummer']))
    {

        try
        {
            $kundeVorhanden = false;
            $sql = "SELECT * FROM kunden" ;
            $dbh = new PDO ("mysql:dbname=kundeDB;
                host=localhost", "user1", "abc");


            $rueckgabe = $dbh->query($sql);
            $ergebnis = $rueckgabe
            ->fetchAll(PDO::FETCH_ASSOC);
            foreach ($ergebnis as $inhalt)
            {

                if ($inhalt['k_id'] ==
                $_REQUEST['kundennummer'])
                {
                    setcookie("Kundennummer",
                    $_REQUEST['kundennummer'],
                        time()+2592000);
                    print"Erfolgreich angemeldet.";
                    print '<form method="post"
                    action="anwendungsbeispiel.php
                    ">';
                    print '<input type="submit"
                    value="Weiter">';
                    print '</form>';
                    $kundeVorhanden = true;
                }
            }
            if (!$kundeVorhanden)
            {
                print "Kundennummer ungültig. Bitte
                erneut eingeben!";
                print '<form method="post"
                action="anwendungsbeispiel.php">';
                print '<input type="submit"
```

```
                        value="Weiter">';
                    print '</form>';
                }
                $dbh = null;
            }
            catch(PDOException $e)
            {
                print $e->getMessage();
            }
        }
        elseif (!empty($_REQUEST['name']) and
        !empty($_REQUEST['vorname] ) and
        !empty($_REQUEST['wohnort'] )
        {
            $sql = "INSERT INTO kunden (k_name, k_vorname,
            k_wohnort)".
                "VALUES (:name, :vorname, :wohnort);";
            $sql2 = "SELECT * FROM kunden;";
            try
            {
                $dbh = new PDO ("mysql:dbname=kundeDB;
                    host=localhost", "user1", "abc");

                $eingabe = $dbh->prepare($sql);
                $eingabe->bindParam(':name',
                $_REQUEST['name'], PDO::PARAM_STR, 40);
                $eingabe->bindParam(':vorname', $_REQUEST['vorname'],
                PDO::PARAM_STR, 40);
                $eingabe->bindParam(':wohnort', $_REQUEST['wohnort'],
                PDO::PARAM_STR, 40);
                $eingabe->execute();

                $rueckgabe = $dbh->query($sql2);
                $ergebnis = $rueckgabe
                ->fetchAll(PDO::FETCH_ASSOC);
                foreach ($ergebnis as $inhalt)
                {
                    $neueKundennummer = $inhalt['k_id'];
                }
                setcookie("Kundennummer", $neueKundennummer,
                            time()+2592000);
                print"Ihre Daten wurden gespeichert.<br>";
                print "Ihre Kundennummer: " .
                $neueKundennummer;
                print '<form method="post"
                action="anwendungsbeispiel.php">';
                print '<input type="submit"
```

```
                         value="Weiter">';
                print '</form>';

                $dbh = null;
        }

        catch(PDOException $e)
        {
                print $e->getMessage();
        }
}

else
{
        print '<table><tr><td>Schon registriert:</td>';
        print '<td>Neu anmelden:</td></tr><tr><td>';
        print '<form method="post"
        action=4 nwendungsbeispiel.php">';
        print 'Kundennummer: <input type="text"
        name="kundennummer"><br><br>';
        print '<input type="submit" value="Senden">';
        print '</form>';
        print '</td><td>';
        print '<form method="post"
        action=4 nwendungsbeispiel.php">';
        print 'Name: <input type="text" name="name"><br>';
        print 'Vorname: <input type="text"
        name="vorname"><br>';
        print 'Wohnort: <input type="text"
        name="wohnort"><br><br>!
        print '<input type="submit" value="Senden">';
        print '</form>';
        print '</td></tr></table>';
}
}
else
{
        $sql = "SELECT * FROM kunden;";
        try
        {
                $dbh = new PDO ("mysql:dbname=kundeDB;
                    host=localhost", "user1", "abc");
                $rueckgabe = $dbh->query($sq );
                $ergebnis = $rueckgabe->fetchAll(PDO::FETCH_ASSOC);
                $kundeVorhanden = false;
                foreach ($ergebnis as $inhalt)
```

18

```
        {
            if ($inhalt['k_id'] ==
            $_COOKIE['Kundennummer'])
            {
                $name = $inhalt['k_name'];
                $vorname = $inhalt['k_vorname'];
                $wohnort = $inhalt['k_wohnort'];
                $kundeVorhanden = true;
            }
        }
        if (!$kundeVorhanden)
        {
            setcookie("Kundennummer", 0, time()-10);
            print"Cookie-Daten ungültig!";
            print '<form method="post"
            action="anwendungsbeispiel.php">';
            print '<input type="submit" value="Weiter">';
            print '</form>';
        }
        else
        {
            print "Herzlich willkommen!<br>";
            print "Ihre Daten:<br>";
            print "Kundennummer: " .
            $_COOKIE['Kundennummer']."<br>";
            print "Name: ".$name."<br>";
            print "Vorname: ".$vorname."<br>";
            print "Wohnort: ".$wohnort."<br>";
        }
        $dbh = null;
    }

    catch(PDOException $e)
    {
        print $e->getMessage();
    }
}
?>
```

https://bmu-verlag.de/books/php-mysql/
Downloadcode: zu8j90qr

Besuchen Sie auch unsere Website:

Hier finden Sie alle unsere Programmierbücher und können sich Leseproben gratis downloaden:

www.bmu-verlag.de

Probleme? Fragen? Anregungen?

Sie können den Autor jederzeit unter bonacina@bmu-verlag.de kontaktieren!

Hat Ihnen das Buch gefallen?

Helfen Sie anderen Lesern und bewerten Sie das Buch auf Amazon:

http://amazon.de/ryp

Java Programmieren für Einsteiger: Der leichte Weg zum Java-Experten (357 Seiten)

Java ist eine der beliebtesten Programmiersprachen der Welt, und das nicht ohne Grund: Java ist besonders leicht zu erlernen, vielfältig einsetzbar und läuft auf so gut wie allen Systemen. Egal ob du Apps für das Smartphone, Computerspiele oder Serveranwendungen schreiben willst, mit dieser Programmiersprache kannst du all diese Projekte umsetzen.

Dieses Buch wird dich dabei unterstützen. Beginnend mit den Grundlagen wird die Programmierung in Java leicht und verständlich erklärt. Besonderer Fokus wird dabei auf die Objektorientierte Programmierung und das Erstellen von grafischen Oberflächen mit Hilfe von JavaFX gelegt. Jedes Kapitel beinhaltet Übungsaufgaben, durch die man das Gelernte direkt anwenden kann. Nach dem Durcharbeiten des Buches kann der Leser eigene komplexere Java Anwendungen inklusive grafischer Oberfläche programmieren.

2. Auflage: komplett neu verfasst

Hier informieren: http://bmu-verlag.de/java-programmieren/

Python 3 Programmieren für Einsteiger: Der leichte Weg zum Python-Experten (310 Seiten)

Python ist eine weit verbreitete, universell einsetzbare und leicht zu erlernende Programmiersprache und eignet sich daher bestens zum Programmieren lernen!

In diesem Buch wird das Programmieren in Python beginnend mit den Grundlagen leicht und verständlich erklärt, ohne dass dabei Vorkenntnisse vorausgesetzt werden. Ein besonderer Fokus wird dabei auf die Objektorientiere Programmierung (OOP) und das Erstellen von grafischen Oberflächen gelegt.

Jedes Kapitel beinhaltet Übungsaufgaben, durch die man das Gelernte direkt anwenden kann. Nach dem Durcharbeiten des Buches kann der Leser eigene komplexere Python Anwendungen inklusive grafischer Oberfläche programmieren.

2. Auflage: aktualisiert und erweitert

Hier informieren: http://bmu-verlag.de/python/

Arduino Handbuch für Einsteiger: Der leichte Weg zum Arduino-Experten (202 Seiten)

Die Arduino Plattform, bestehend aus Hardware und Software, erleichtert den Einstieg in die Welt der Mikrocontroller sehr. In diesem Buch erfährst du alles, was notwendig ist, um deine Projekte und Ideen mit dem Arduino endlich realisieren zu können: Egal ob autonomer Roboter oder Heimautomation, mit diesem Buch kannst du sie schnell in die Tat umsetzen, ohne Vorkenntnisse zu benötigen.

Zunächst werden die Grundlagen des Arduino geklärt und direkt, ohne graue Theorie, die ersten Sensoren und Aktoren verwendet. Danach geht es tiefer in die Materie mit spannenden Themen, wie die Verbindung des Arduino mit dem World Wide Web oder der Ausgabe von Texten und Diagrammen auf Displays. Am Ende lernst du einige Projekte, wie eine Arduino Wetterstation oder einen autonomen Roboter kennen und kannst darauf basierend deine Traumprojekte realisieren.

2. Auflage: aktualisiert und erweitert

Hier informieren: http://bmu-verlag.de/arduino_handbuch/

Raspberry Pi Handbuch für Einsteiger: Linux, Python und Projekte (212 Seiten)

Der Raspberry Pi ist mit seiner leistungsfähigen Hardware, seiner ausgezeichneten Energieeffizienz und seinem universellen Design sehr vielfältig einsetzbar: Der kompakte PC steuert Roboter und Smart Homes, dient als Daten- und Webserver und kann als HTPC Media Center oder Spielekonsole im Wohnzimmer verwendet werden.

Dieses Buch stellt dir zahlreiche Möglichkeiten vor, wie du den Raspberry Pi praktisch im Alltag nutzen kannst. Kapitel für Kapitel lernst du die Hardware und das Betriebssystem Linux kennen und kannst dein Wissen sofort praktisch in die Tat umsetzen. Du findest anschauliche Anleitungen für die Einrichtung als Desktop PC, Spielecomputer, Smart Home Terminal und vieles mehr. Auch wie du deine ersten eigenen Programme mit Python schreiben kannst und damit den Raspberry Pi programmieren kannst, lernst du in diesem Buch. Am Schluss wirst du in der Lage sein, eigene Projekte zu entwickeln und verstehen, warum Millionen Nutzer auf der ganzen Welt auf ihren Raspberry Pi nie wieder verzichten möchten. Hol dir jetzt dieses Buch und leg sofort los!

2. Auflage: aktualisiert und erweitert

Hier informieren: http://bmu-verlag.de/raspi/

C++ Programmieren für Einsteiger: Der leichte Weg zum C++-Experten (278 Seiten)

Beginnend mit den Grundlagen der Programmierung wird die Programmiersprache C++ vermittelt, ohne, dass dabei Vorkenntnisse vorausgesetzt werden. Besonderer Fokus liegt dabei auf Objektorientierter Programmierung und dem Erstellen grafischer Oberflächen mit Hilfe von MFC.

Auch auf C++ Besonderheiten, wie die Arbeit mit Zeigern und Referenzen, wird ausführlich eingegangen. Jedes Kapitel beinhaltet Übungsaufgaben, durch die man das Gelernte direkt anwenden kann. Nach dem Durcharbeiten des Buches kann der Leser eigene komplexe C++ Anwendungen inklusive grafischer Oberflächen erstellen.

2. Auflage: aktualisiert und erweitert

Hier informieren: http://bmu-verlag.de/cpp_programmieren/

C# Programmieren für Einsteiger: Der leichte Weg zum C#-Experten (323 Seiten)

C# ist eine weit verbreitete, leicht zu erlernende plattformunabhängige Allzweckprogrammiersprache und eignet sich daher bestens zum Programmieren lernen!

In diesem Buch wird das Programmieren mit C# und Visual Studio 2017 beginnend mit den Grundlagen leicht und verständlich erklärt, ohne, dass dabei Vorkenntnisse vorausgesetzt werden. Ein besonderer Fokus wird dabei auf Objektorientiere Programmierung (OOP) und das Erstellen von grafischen Oberflächen mit Hilfe des modernen Windows Presentation Foundation gelegt.

Jedes Kapitel beinhaltet Übungsaufgaben, durch die man das Gelernte anhand praktischer Beispiele direkt anwenden kann.Nach dem Durcharbeiten des Buches kann der Leser eigene komplexere C# Anwendungen inklusive grafischer Oberfläche programmieren.

2. Auflage: aktualisiert und erweitert

Hier informieren: http://bmu-verlag.de/cs-programmieren/